L'ÉCOLE MUNICIPALE

LETTRES OUVERTES ADRESSÉES

A MM. LES MEMBRES DU CONSEIL MUNICIPAL DE LA VILLE DE PARIS

A L'OCCASION

DES AGISSEMENTS DE LA COMMISSION D'ADMISSION

A L'EXPOSITION UNIVERSELLE DE 1878 DE LA SECTION 6 (ENSEIGNEMENT PRIMAIRE),

PRÉSIDÉE PAR M. DELOCHE, DE L'INSTITUT

PAR

PH. KUHFF

PROFESSEUR AU COLLÈGE CHAPTAL

1. Le Collége communal et le Collége moderne ou École réale.
2. L'École primaire.
3. Les Enfantines du bon pays de France et les professeurs des écoles municipales, à l'Exposition universelle de 1878.

PARIS

IMPRIMERIE ADMINISTRATIVE DE PAUL DUPONT

41, RUE J.-J.-ROUSSEAU, 41

—

1878

L'ÉCOLE MUNICIPALE

LETTRES OUVERTES ADRESSÉES

A MM. LES MEMBRES DU CONSEIL MUNICIPAL DE LA VILLE DE PARIS

A l'occasion des agissements de la Commission d'admission à
l'Exposition universelle de 1878, de la section 6 (Enseignement
primaire), présidée par M. Deloche, de l'Institut.

PAR

PH. KUHFF

PROFESSEUR AU COLLÈGE CHAPTAL

I. — LE COLLÈGE COMMUNAL ET LE COLLÈGE
MODERNE OU ECOLE RÉALE ;
II. — L'ÉCOLE PRIMAIRE ;
III. — LES ENFANTINES DU BON PAYS DE FRANCE,
ET LES PROFESSEURS DES ECOLES MUNI-
CIPALES, A L'EXPOSITION UNIVERSELLE
DE 1878.

PARIS

IMPRIMERIE ADMINISTRATIVE DE PAUL DUPONT

41, RUE JEAN-JACQUES-ROUSSEAU, 41

—

1878

Messieurs les Membres du Conseil municipal de Paris.

Vos intentions bien déclarées sont d'aider le Gouvernement de la République à constituer fortement notre système scolaire, à en combler les lacunes par la création d'écoles nouvelles et surtout à encourager le progrès des méthodes, aussi bien que le zèle et le dévouement des maîtres. Vous n'avez pas envisagé la question scolaire comme une question d'édilité. Vous ne voulez pas seulement orner Paris de superbes bâtiments d'école, et vous ne croyez pas que votre tâche se borne à faire décorer ces monuments en pierres de belles façades. Vous désirez que vos collèges Rollin et Chaptal, comme vos écoles industrielles commerciales Turgot, Colbert, Lavoisier, J.-B. Say, comme enfin les écoles primaires et salles d'asile, s'associent par leurs efforts à cette renovation de l'enseignement qui est plus urgente que jamais, après les fautes du passé.

De même votre sollicitude s'étend à toutes les écoles de la Ville pour les protéger et les défendre, à quelque degré qu'elles soient placées dans la hiérarchie scolaire. Le collège Chaptal qui prépare ses élèves au baccalauréat ès sciences, à l'École centrale, et à l'École polytechnique, n'est pas plus assuré de votre appui qu'une école primaire ou une salle d'asile. Mais ses maîtres espèrent, non moins que tous les autres qui appartiennent à la Ville, trouver un recours auprès de vous quand l'intolérance des fonctionnaires universitaires, lesquels ne sont que les fonctionnaires de la nation, les atteint et les frappe par quelque mesure qui est une exception au droit commun.

C'est à ce titre que j'ose vous adresser ces pages.

L'Exposition universelle de 1878 prouvera que, malgré les servitudes morales auxquelles nous venons à peine d'échapper, les écoles de Paris savent tenir leur rang, grâce au zèle et à l'intelligence de leurs maîtres, et des élèves. On y verra les travaux de ceux-ci : cartes, dessins, cahiers de devoirs. Vous voudrez, sans doute, aussi y trouver les ouvrages, les livres, les travaux de vos maîtres et professeurs.

J'ai, pour ma part, exposé des livres scolaires qui résument de longs efforts, des voyages pédagogiques, une expérience confirmée dans la direction d'une école libre secondaire, fondée par des pères de famille, en Alsace, et qui a formulé le programme du collége moderne, dès l'année 1861.

Mais, à cette occasion, un des volumes qui m'a coûté le plus de peine et qui, à mes yeux, a le plus de portée, a été frappé d'une exclusion qui s'est produite dans des circonstances si particulières, si caractéristiques et si graves, que je serai obligé de vous les relater tout au long pour vous faire constater la rigueur du parti pris et des idées préconçues contre lesquelles, encore aujourd'hui, se heurte une idée neuve, non pas quand elle demande à être appliquée — non, mais alors seulement qu'elle veut se produire, se soumettre à l'examen de tous, et proposer une simple question scolaire et littéraire aux réflexions et à l'étude des hommes de l'enseignement.

Je comptais sur l'Exposition pour vaincre, par le suffrage de juges désintéressés dans la question, des préjugés de caste, et les préventions d'une pédagogie fausse et dénaturée dont l'incurable sécheresse fait sentir ses atteintes jusqu'à notre littérature et à l'esprit public. Mais il est arrivé que la plupart des membres du Comité d'admission de la section 6 ne venant pas assister aux séances, la décision sur le sort des livres était remise aux quelques inspecteurs d'Académie et fonctionnaires de l'enseignement qui, se trouvant entre eux, dans leur petit cénacle aux idées arrêtées, ont prononcé le *veto* de la Routine, sur les « Enfantines du Bon Pays de France, » dont je vais avoir à vous entretenir.

Ce livre ne demandait pas à être introduit dans les écoles, il voulait seulement rendre les maîtres et les parents attentifs à cette poésie populaire, enfantine, qui remplit chez nous, comme ailleurs, un office utile. Il a été composé pour signaler dans notre enseignement une lacune que nous devrions être empressés de combler. On sait qu'en France, jusqu'à ce jour, la poésie est pour l'école primaire comme si elle n'existait pas. Nos livres élémentaires n'offrent à l'enfant du peuple, — même et surtout ceux qui parlent de la France, — pas une poésie, pas un chant ! Cela est naturel. On ne chante qu'une patrie libre ou qu'on veut libre.

Comment l'Empire et l'ordre moral auraient-ils encouragé la poésie, et surtout le chant dans les écoles ?

Le jour où nous ferons à la poésie sa part dans l'école primaire, ne faudra-t-il pas savoir jusqu'à quel point la poésie populaire peut combler les lacunes et corriger les défauts de notre littérature savante, trop savante pour l'enfant du peuple. Ce n'est pas cependant cette question toute pédagogique que j'entends débattre ici. Ce que je dois vous signaler, ce sont les difficultés que l'on éprouve à poser la question devant les maîtres et le public, à cette Exposition où l'école ne peut cependant figurer comme le domaine réservé de quelques-uns, où les essais de réforme ne doivent pas être mesurés aux vues bornées de la routine. Mais cette opposition que j'ai rencontrée a été accompagnée de circonstances telles, que je devrai vous les exposer, ne fût-ce que pour établir quel esprit préside à la direction de nos écoles jusqu'à ce jour où la liberté en prend la responsabilité.

Un fait plus grave s'est produit et qui vous concerne plus directement.

M. Brunet, le Ministre de l'instruction publique du 16 Mai, a fait paraître, en septembre 1877, une circulaire par laquelle se trouve instituée une exposition de tous les ouvrages du corps enseignant, depuis l'arithmétique élémentaire faite par un instituteur, jusqu'au livre de sciences composé par un professeur de l'enseignement supérieur.

Cela est fort bien. Mais qui donc appartient au corps enseignant ?

MM. les professeurs de Faculté, les professeurs agrégés ou non des lycées, et les instituteurs, et sans doute aussi les professeurs des écoles de la Ville de Paris ou de toute autre municipalité ? Eh bien, non ; les professeurs de la Ville de Paris ne comptent pas, à ce qu'il paraît, parmi le corps enseignant ; leurs livres ne figureront pas à l'Exposition du Ministère de l'instruction publique. On nous répond : *nescio vos !*

Le fait paraît incroyable ; il est vrai, pourtant ; mes livres, parce que je suis professeur du collège Chaptal, ne seront pas reçus dans cette exhibition où doivent paraître les arithmétiques primaires. Leur titre ne sera pas imprimé dans le catalogue publié par le ministère. Voilà où sont logés les professeurs de la Ville et les ouvrages qu'il leur arrive de composer pour réaliser un progrès. Des bureaux de M. le Directeur de l'enseignement de la Ville de Paris, on m'a renvoyé à M. le Recteur d'Académie ; de ceux-là au Ministre de l'instruction publique et à M. de Watteville ; de là j'ai dû retourner chez le Directeur des écoles de la Ville de Paris ; et, bien que l'accueil que j'ai reçu de la part des fonctionnaires chargés de ces services ait été des plus courtois, je n'ai trouvé que des hommes confus et presque honteux d'être obligés de me dire : Que les livres de tel directeur d'une école de la Ville de Paris, aussi bien que de moi qui suis professeur à Chaptal, ne compteront pas parmi ceux du corps enseignant, et ne figureront pas dans ce catalogue général, imprimé par les soins du Ministère de l'instruction publique.

Telle est la situation qui est faite à vos écoles secondaires ou plutôt à leurs essais, travaux, livres et ouvrages. Pour ce qui me concerne, je m'en console facilement, je sais ce dont je suis redevable à cette précieuse liberté que j'ai tenu à garder depuis le jour où j'assistai à Paris, comme étudiant, à l'acte de Décembre, et où j'ai pris, tout en restant dans l'enseignement, le chemin d'à côté, pour ne pas prêter serment à l'Empire. Exposer dans la section de l'enseignement libre, au lieu de figurer au milieu des livres de l'Université, il n'y a là rien pour effrayer un professeur du collège Chaptal qui a lui-même fondé un collège libre, et qui sait que rien ne s'entreprend ni ne s'achève, si l'on n'a le courage d'oser et d'essayer à ses risques et périls.

Mais si ce fait n'est pas de nature à l'effrayer, permettez à ce professeur de la Ville de se rappeler, après toutes les difficultés dont il a déjà souffert, qu'il n'y a rien là non plus pour le rassurer. Aujourd'hui encore, dans notre bon pays de France, quand on n'a pas l'avantage de se rattacher à un groupe, à une corporation constituée, influente, École normale, École polytechnique, Université, quand on est réduit à ses propres ressources, on risque bien d'être obligé de solliciter des arrêts équitables au lieu de les obtenir de droit. Mais ces sollicitations ne sont pas du goût de tout le monde. Et cependant, il ne s'agit pas seulement de faire et d'oser, il faut aboutir. Il est bon de compter sur ses propres forces, mais il est téméraire de négliger les secours et l'appui de ceux qui sont vos protecteurs naturels. J'ai vu déjà ce qui en était à l'Exposition de Vienne, et à celle de la Société de géographie.

Je viens donc me réclamer de votre appui.

Seulement, en y réfléchissant, j'ai fait une découverte que j'ose à peine vous exposer, craignant de vous manquer de respect. C'est qu'il me semble que vous-mêmes, c'est-à-dire le Conseil municipal de la Ville de Paris, de la capitale de la France, vous n'êtes pas beaucoup mieux partagés que moi, simple professeur du collège Chaptal.

Moi je suis déclaré libre d'exposer parmi les exposants de l'enseignement libre, ce qui signifie que je n'aurai pas la protection d'un corps constitué, de quelque défenseur naturel. Vous, Conseil municipal, si j'essaie de me rendre compte de la part d'influence qui vous est laissée dans la constitution et l'organisation de vos propres écoles, de celles que vous établissez et payez avec les fonds de la Ville, vous ne pouvez exercer qu'un droit très-restreint, et vous n'êtes pas libres de faire tout le bien que vous voudriez. Et cependant notre organisation scolaire ne sera complète, en France, que si on laisse aux villes leur part légitime d'action, surtout dans la constitution de ces écoles modernes que réclame le progrès des temps.

Puis donc, que je suis rangé parmi les professeurs libres, je vais user de cette liberté qui m'est si peu libéralement adjugée, et, me préparant à vous exposer les difficultés contre lesquelles je lutte depuis dix ans et dont ce rejet des Enfantines n'est qu'un épisode, je vous demande aujourd'hui la permission, pour me réclamer de votre protection plus entière, de me rappeler le rôle que vous avez pris dans la création de vos écoles modernes, rôle que d'autres villes devraient imiter, et de me mettre à couvert sous cette part légitime d'influence que vous avez prise pour fonder, bâtir, organiser, en vous priant d'en user encore pour défendre, protéger et maintenir.

I

LE COLLÈGE COMMUNAL ET LE COLLÈGE MODERNE OU ÉCOLE RÉALE.

Avant de vous parler de ces Écoles municipales qui sont les vôtres et qui devraient être celles de toutes les villes de France, il ne sera pas inutile de retracer notre système scolaire tel qu'il est sorti des mains de l'auteur du *Concordat.*

L'Université réorganisée par Napoléon, ne peut que refléter le principe centralisateur du régime absolu ou impérial.

Une hiérarchie rigoureuse assujettit à tous les degrés de l'enseignement, professeurs, administrateurs, écoles de tous degrés. Là, comme dans l'organisation entière de l'État, cette création établit un système unilatéral. L'État, c'est-à-dire le Ministre, décide, ordonne, décrète, fixe les plans et programmes, distribue au pays l'enseignement, comme il l'entend. Ce n'est pas pour rien qu'il porte ou portait le titre de Grand Maître de l'Université. Au-dessus de l'école primaire est le collège ou le lycée, rétablissant l'ancienne méthode des Jésuites ; et sous la main directe du Ministre, végètent des Facultés minuscules, à qui l'on prescrit leur programme et qui n'ont ni le droit d'élire ou de proposer leurs membres, ni celui de se gérer elles-mêmes ; qui ne disposent que de ressources budgétaires, qui n'ont ni legs, ni dotation, ni biensfonds, c'est-à-dire ni fortune, ni autonomie.

D'autres facteurs, dans l'organisation et la constitution des écoles publiques, l'Université n'en connaît pas.

Les villes, les communes, les départements, ont le droit de payer pour avoir des écoles ou des collèges. Qu'ils ne s'avisent point de demander une réforme ni de proposer un système d'instruction différent du type officiel. Ailleurs, l'école Réale a été fondée par des villes, elle a lutté près de quatrevingts ans pour son existence, et un compromis a fini par s'établir entre l'État et les municipalités qui demandaient un enseignement moderne. De cette lutte est sorti ce résultat, c'est qu'au lieu d'un type d'école Réale que demandaient les villes, il y en a deux : l'un qui est une école primaire supérieure préparant au commerce et à l'industrie, et assurant à ses élèves l'accès au volontariat; l'autre, dans laquelle on continuait d'enseigner le latin pendant six ans et à raison de huit heures par semaine, qui a pris récemment le titre de Réal-Gymnase et qui a fini par décerner aux élèves un diplôme de baccalauréat ès sciences, au moyen d'un *abiturienten* examen, donnant droit à la fréquentation de l'Université et admission aux écoles d'enseignement supérieur. L'État nomme les professeurs de ces écoles Réales comme ceux des Gymnases, il débat avec les villes les conditions auxquelles une école Reale sera établie, décide enfin du caractère et de la catégorie de l'école à créer. Il intervient enfin dans la fondation et l'administration de ces écoles de la même façon qu'en France, l'État consent à s'entendre avec les villes pour administrer l'unique type des collèges communaux.

Mais deux faits sont à signaler : l'école Réale, même le Réal *Gymnasium*, où l'on apprend le latin, et qui prépare au baccalauréat ès sciences, est indépendante du Gymnase, c'est-à-dire de l'école latine proprement dite, de ce que nous appelons le collège ou le lycée qui conduit au baccalauréat ès lettres. Elle est chez elle, sur son terrain, et confirme sa méthode, ses procédés, par une expérience qui lui reste acquise et pour laquelle chaque école, et toutes les écoles entre elles, fournissent leur contingent et offrent un champ d'action. L'autre fait, c'est que les villes ont demandé et obtenu ce type scolaire, et, en réalité, ce sont elles qui l'ont créé.

En France, les mêmes besoins se sont fait sentir, et M. de Saint-Marc-Girardin, dans son livre sur les écoles moyennes, a, le premier, tracé les linéaments de ce type scolaire nouveau.

Mais, c'est le Ministre en France qui a fondé l'enseignement secondaire spécial. Il l'a subordonné aux lycées, et l'a presque partout confiné dans les bâtiments du lycée. Ce fut là le vice radical de cette création. Les proviseurs, humanistes, pour la plupart, n'accordent qu'un intérêt secondaire à ces classes. Les élèves, on le sait, reçurent dans le temps, de leurs condisciples, le sobriquet humiliant : « *los bestiaux* », et l'on affirme que dans les lycées de province les professeurs, malgré l'agrégation spéciale qui fut créée pour cet enseignement, croient avoir sujet de se plaindre de leurs collègues, les agrégés des lycées Dans de pareilles conditions, une école n'arrive pas à avoir conscience d'elle-même, ne possédant ni terrain propre, ni centre d'action, ni direction qui s'inspire de son esprit et qui, à son tour, le communique à tout un personnel; n'ayant enfin, dans la France entière, pas un organe, pas un journal à lui, qui lui servît de ralliement et de centre d'information.

Un autre fait, c'est que les villes s'y intéressèrent moins qu'elles ne le devaient. Elles subirent le type créé par le Ministre, et l'acceptèrent tel qu'il était. De là, cette double conséquence également fâcheuse :

Nous n'eûmes pas en France les deux types de l'école Réale qui existent ailleurs, et aujourd'hui encore, les villes ne savent que mettre à la place de leurs collèges communaux latins. Si nous possédions l'école Réale (dite Réal-Gymnasium), qui conduit au baccalauréat ès sciences, où l'élève apprend du latin, sans les vers ni le discours et sans le grec, cette difficulté serait tranchée.

Eh bien, ces deux types d'écoles que nous venons d'analyser et qui existent chez nos voisins d'outre-Rhin simultanément avec les gymnases ou lycées, la Ville de Paris les a créés par sa propre inspiration et sans rien emprunter à l'étranger. La Ville de Paris s'est affranchie, pour son compte personnel, du système scolaire de l'Université, elle a créé Turgot et Chaptal.

Dans le grand rapport de M. Gréard, sur les écoles de Paris, il est dit que Turgot est une création d'inspiration française et que Chaptal est une imitation de l'école Réale allemande. Nous nous demanderons tout à l'heure quelle idée M. le Directeur de l'enseignement de la Seine se fait de l'école Réale et de son importance en France. Pour le moment, nous nous hâtons de protester contre l'affirmation ci-dessus. Chaptal et Turgot sont des créations dues à une inspiration toute municipale, toute parisienne. Le jour où la première ville de France a réagi contre le système exclusif de l'Université, elle est revenue tout nécessairement à des programmes scolaires qui furent la réalisation tentée, pour la première fois, de ces idées pédagogiques et philosophiques de la France du dix-huitième siècle, à laquelle l'Allemagne entière n'a jamais nié avoir dû ses écoles Réales.

Du jour aussi, où l'on faisait retour à un enseignement et à un programme moderne, on dut bien naturellement être amené à réaliser la double idée qu'il comporte, l'école Turgot, donnant un enseignement primaire supérieur industriel, professionnel ; Chaptal, prétendant l'enseignement scientifique proprement dit, retenant le latin pour autant qu'il est nécessaire à ce baccalauréat ès sciences, que M. Gréard ne dira certainement pas imité de l'*abiturienten* examen des écoles Reales allemandes. Cette double idée répondait bien naturellement à des classes différentes d'enfants, ayant des besoins différents. Les uns, pressés d'entrer à quinze ou seize ans dans l'atelier ou au bureau, où ils gagneraient leur vie ; les autres, fils de parents plus aisés, destinés à succéder à leur père dans leurs établissements industriels ou commerciaux, ou se proposant d'entrer dans les écoles centrale et polytechnique, ayant le loisir et les moyens de prolonger leur séjour au collège jusqu'à dix-sept et dix-huit ans, lui demandant non pas une instruction « *pragmatique* », mais scientifique, et ne voulant pas perdre les années de leur jeunesse dans les exercices du vers latin, du thème grec, du discours latin. Turgot fut Turgot, et nullement une école Réale allemande, et Chaptal fut et devint longuement, difficilement, prudemment, ce qu'il s'était proposé de devenir et ce qu'on l'empêchait d'être.

D'où venaient les obstacles? D'où venaient les entraves? D'où venait l'opposition qui parfois avait suivi la ligne courbe, avait pris même le chemin du Conseil ou de la Commission municipale, et traversé l'Hôtel de Ville pour se donner une sorte de sanction urbaine? Elle venait des hauts fonctionnaires de l'Université, c'est-à-dire de l'Administration omnipotente des lycées, qui tolérait bien l'enseignement primaire supérieur, l'enseignement spécial, aussi bien que des écoles comme Turgot, Colbert, Lavoisier, lesquelles ne lui portent pas ombrage, parce qu'elles lui sont subordonnées, mais qui ne veut pas d'un enseignement parallèle au sien, préparant aux carrières scientifiques, conduisant à l'un des baccalauréats et aux cours des Facultés.

Que les Directeurs de Chaptal soient allés un jour visiter des écoles au dehors, dira-t-on, qu'en France, dans un pays où l'élément latin l'emporte sur les autres éléments constitutifs de la nation, celle des écoles Réales parisiennes qui a gardé quelques leçons de latin parce qu'elle prétend conduire au baccalauréat ès-sciences, ait eu besoin d'emprunter aux Allemands l'idée de ces classes latines? Étrange patriotisme que celui qui donne à entendre dans un rapport officiel, qu'une école française, pour avoir gardé des leçons de latin, aurait emprunté une idée allemande !

Cette opposition venait en somme de ce fait, c'est que les fonctionnaires de l'Université ne comprennent qu'un système unilatéral : l'Université, c'est-à-dire les lycées, et leurs inspecteurs; le Ministre, c'est-à-dire l'État, faisant tout, décidant de tout. Les villes doivent payer et tout accepter. En dehors des lycées il ne devait y avoir que de l'enseignement primaire !

Autre erreur invétérée. Le lycée se subordonne l'enseignement spécial. (Quel nom !) Il l'embrasse pour mieux l'étouffer. Qu'on ne s'avise donc pas de vouloir arriver à un baccalauréat ès sciences sans les Gréco-Latins et en dehors d'eux ; au cours de la Faculté et de l'enseignement supérieur, sans eux et en dehors d'eux. Ils enseignent avec le grec le latin, et ne veulent pas qu'on l'enseigne ailleurs et autrement. Dans ces prétentions, les lycées ne font que suivre la loi de tous les corps qui défendent leurs privilèges. C'est ce qu'avaient fait les gymnases allemands contre l'école Réale allemande. Dira-t-on pour cela que les lycées français dans leur opposition imitent et s'inspirent de ces exemples d'outre-Rhin?

Remarquez, pour le rappeler en passant, que, grâce à cette règlementation jalouse, même ces écoles Réales de la Ville de Paris, Turgot, Colbert, Lavoisier, manquent des éléments essentiels pour se constituer définitivement. L'élève n'y est reçu qu'à l'âge de treize ans. Pas de huitième ni de septième. Elles n'ont pas cet enseignement élémentaire qui ferait leur force. On prétexte que l'on ne veut pas nuire aux écoles municipales primaires en leur enlevant leurs meilleurs élèves; comme si les élèves, quelque peu aisés, ne suivaient pas l'une ou l'autre de ces mille pensions établies à Paris et au dehors. On ne veut pas davantage nuire à l'industrie privée des maîtres de pension, comme si la Ville ne devait pas, avant tout, avoir souci des intérêts généraux, ceux du commerce même et de l'industrie parisienne, à qui il importe qu'un état-major de jeunes gens réellement instruits et français puisse occuper enfin les positions privilégiées pour lesquelles on a fait accueil ici, dans des maisons importantes, à des légions d'Allemands !

Cette question est d'autant plus grave, qu'entrant dans ces écoles à treize ans, ces élèves en sortent en moyenne au bout d'un an et demi, ou deux ans ; bien peu finissent tout le cours. Voilà à quoi se réduit pour eux l'enseignement de cette école Réale. Comment veut-on qu'en si peu de temps l'élève puisse apprendre seulement les éléments des langues vivantes?

Que l'on compare à cela le temps et la peine que les écoles allemandes consacrent au français, et que l'on s'étonne ensuite que de jeunes Allemands occupent chez nous et ailleurs des positions qu'ils disputent à nos nationaux ! Là, les écoles Réales ont sept et huit années de classe, et les langues vivantes y sont enseignées, dans le principe, à raison de six heures par semaine (et non de trois). Dans nos écoles municipales on paraît persuadé que deux ou trois heures par semaine peuvent suffire, alors que la grande majorité des jeunes gens ne suit ces cours que pendant un an et demi ou deux.

Une autre considération très-importante doit décider la Ville de Paris à constituer ces écoles dans leur intégrité. C'est un fait que l'enseignement primaire ne s'est pas toujours développé et perfectionné par les seuls instituteurs dont le savoir ne dépasse pas de beaucoup son programme. Ce sont des hommes de l'école secondaire, chargés plus ou moins temporairement des classes primaires, qui ont tracé à cet enseignement des méthodes plus sûres et plus rationnelles. Les écoles Réales de la Ville de Paris, si elles s'appuyaient sur ces petites classes organisées par leurs directeurs intelligents, auraient porté plus loin ces traditions de l'enseignement primaire corrigé, amélioré, rectifié dans ses procédés, dans ses méthodes et dans ses livres. Les expériences faites sur ce terrain serviraient aujourd'hui à toutes les écoles, et l'on peut dire que priver Turgot, Colbert, Lavoisier et l'école Say de ces classes inférieures où pourraient se mettre à l'épreuve tant d'idées neuves, c'est priver toutes les écoles de Paris et autres du bénéfice de progrès facilement réalisés dans des pépinières d'élite.

Mais ce qui nous intéresse plus spécialement dans ces écoles spéciales, c'est l'enseignement des langues étrangères, de l'allemand, par exemple, tel qu'il s'y donne. Le résultat est évidemment insuffisant avec un temps si limité. Alors même que la méthode et l'outillage de cet enseignement seraient arrivés à leur perfection, on n'obtiendrait guère plus d'effet avec un stage si court. Du moins ces écoles devraient-elles pouvoir s'affranchir de leur routine bien reconnue ; de tel livre d'outre-Rhin introduit dans nos classes et qui s'est survécu, et de telle méthode imitée du grec et du latin. Là encore la tyrannie de l'école latine universitaire exerce son influence, parce que ces écoles relèvent de l'Inspecteur, ancien professeur de l'Université, auteur de méthodes surannées. On est d'autant moins indépendant qu'on se sent appartenir à un ensemble moins fortement constitué. Maîtres et directeurs redoutent les notes et le jugement de ce fonctionnaire, qui ne voudrait déléguer auprès d'eux, pour les inspecter, que des hommes à sa dévotion, et qui considère ces écoles comme des clients obligés de le ménager. Voilà donc encore un beau terrain dérobé à des tentatives qui pourraient être fécondes, dans un enseignement, où un ou deux hommes prétendent imposer leur étrange domination. Les conséquences sont fatales pour les élèves de ces écoles, pour cette population bourgeoise de la Ville de Paris, parmi laquelle le commerce recrute ses employés et ses patrons. Désarmés par cette ignorance des langues étrangères, vis-à-vis de jeunes hommes venus d'autres pays, ils leur cèdent le terrain dans bien des positions qui devraient être occupées par des Français, et restent leur vie durant, comme employés, comme patrons, gênés, limités, par cette infériorité dont ils sont obligés de se faire eux-mêmes l'aveu.

N'est-ce pas là une des raisons qui empêchent tant de jeunes gens de sortir, d'aller au dehors représenter notre commerce, fonder des maisons, qui chercheraient et trouveraient au loin des débouchés à l'industrie française ! Dans une des écoles de la Ville de Paris, affectée plus spécialement aux études commerciales, on célébrait naguère, comme un succès, ce fait d'un élève qui, au sortir du cours, était allé dans l'Amérique du Sud et s'était placé dans une maison de commerce de l'un des ports du Brésil. N'est-il pas affligeant de voir qu'un fait semblable se trouve isolé ? En Angleterre, les jeunes gens partent par milliers pour se répandre sur tout le globe, et cela, à quatorze et à quinze ans ; quant aux Allemands, on sait quelle position et quel rang social ils occupent dans tous les ports, dans toutes les villes commerciales du monde, en Russie, en France, dans l'Amérique du Nord et du Sud. C'est en vain que l'on dira que l'amour du sol retient le Français chez lui et de préférence à Paris. Notre pays a de tout temps fourni des pionniers hardis, des commerçants entreprenants, des armateurs, des exportateurs industrieux ; mais les conditions ont changé de nos jours. Ce ne sont plus les peuples sauvages auxquels on a affaire au loin ; ce sont les peuples d'Europe, Italiens, Anglais, Allemands, voire encore les Américains ; et tout établissement lointain suppose, pour que la lutte soit égale et profitable pour nous, la pratique familière de l'une au moins des langues de ces peuples, nos voisins immédiats. C'est donc la prospérité même de la France qui est intéressée dans le programme de nos études, dans la constitution de nos écoles ; et l'on a peine à comprendre qu'une ville comme Paris n'ait pas été invitée à organiser complètement ses écoles, afin de fournir à la nation cet état-major du commerce et de l'industrie, ces jeunes gens, qui, animés certainement d'un courage nouveau, apporteraient l'esprit entreprenant de nos pères au service d'une instruction plus technique, plus libérale, plus moderne, disons-le, plus européenne.

Les classes inférieures ajoutées à ces écoles, porteraient à 6 et 7 le nombre des années d'étude. Elles seraient alors de véritables écoles Réales ou si l'on veut des écoles industrielles, commerciales (Gewerbeschulen) dont le titre correspondrait à un cours complet effectivement suivi par les élèves.

Chaptal, de son côté, préparant au baccalauréat ès-sciences, à l'École polytechnique, à l'École centrale, augmenterait d'une année la durée des classes de latin, porterait au nombre de 4 ou 5 heures réglementaires par semaine, les cours d'anglais ou d'allemand dans chaque classe, et achèverait de constituer ce type d'école où l'on mettrait à profit, pour les langues vivantes et les sciences, tout le temps rempli ailleurs par le grec que tous les élèves ne peuvent ni ne veulent apprendre, par les vers ou discours latins qui ne sont pas nécessaires pour le baccalauréat ès sciences. Ce type qui reste à créer ailleurs qu'à Paris, ne dût-il se répéter que dans une dizaine d'écoles et de villes de France, aurait cette portée immense de viser une instruction réellement scientifique et le développement des facultés de l'enfant par les humanités modernes et par *des méthodes* et *des exercices* différents de ceux du moyen âge, voire encore de la Renaissance.

On a peine à croire que les villes de France hésiteraient à applaudir à l'extension de cette réforme, quand il est reconnu que les tentatives faites par M. Jules Simon ont à peu près avorté pour une raison ou pour une autre, soit mauvais vouloir, soit incapacité des humanistes à modifier leurs idées. Il faudra bien, tôt ou tard, qu'on ne laisse pas à l'industrie privée le soin de faire toute seule des tentatives pour lesquelles il est nécessaire de grouper des forces autrement puissantes, patientes, multiples que celles dont disposera une société scolaire ou un chef d'école libre. C'est aux villes à intervenir, à elles à manifester énergiquement leur impatience de la routine et leur désir ardent de réaliser le progrès. Elles trouveront l'argent, les ressources en hommes et en capitaux nécessaires. Il leur sera facile de constituer des conseils scolaires où chaque municipalité se ferait représenter par quelques-uns de ses membres et qui, composés surtout de pères de famille et de fondateurs, de médecins, d'architectes, d'industriels et d'ingénieurs, formeraient le véritable comité dirigeant des écoles municipales.

Ces écoles Réales, constituées sous le patronage de comités locaux, avec cette part de liberté laissée aux directeurs, laquelle est nécessaire dans toute œuvre libre, la question du progrès des méthodes serait enfin posée, tandis qu'elle ne l'est pas aujourd'hui.

On prétend toujours que l'Université ne peut pas tenter des essais qui devraient être faits sur une si grande échelle! Hier encore nous n'avions même pas de journal pédagogique où l'on pût traiter ces questions de l'école moderne ou qui fût l'organe de l'idée d'une école secondaire différente du lycée. En Allemagne, on en compte près de dix. L'émulation, la concurrence entre l'école Réale et le lycée feraient merveille. L'école Réale offrirait un abri et une carrière à une foule de maîtres qui, en ce moment, ne trouvent pas dans le lycée un emploi rémunérateur pour un savoir, pour des aptitudes différentes de celles des agrégés.

Ces conséquences sont évidentes sans qu'on les développe longuement, mais le résultat capital n'est pas là. Ce serait une œuvre de décentralisation, une de celles qui appellent à l'action les forces intellectuelles et morales d'une ville et d'une province, sans aucun préjudice du pouvoir de l'État et sans aucun danger politique.

Le grand mal dont nous souffrons à la suite de ce système unilatéral qui pèse sur le pays, c'est que les voies sont resserrées pour tout le monde, tout est remis entre les mains de quelques hommes qui se rencontrent toujours les mêmes dans toutes les directions, commissions, jurys, conseils, petits et grands, et qui d'ailleurs, camarades d'école, membres d'académie ou de l'Institut, tiennent les uns aux autres par les liens d'une solidarité qui ne leur permet pas d'empêcher, comme ils le voudraient, des abus de pouvoir, ni des abus d'aucune sorte. Nous espérons qu'avec la République (et elle date d'hier), tout ira mieux que par le passé ; mais les temps sont trop près de nous où ces sommités dirigeantes faisaient la loi dans le pays.

Autre fait : on sait avec quelle rigueur policière tout homme d'un caractère indépendant était exclu jusqu'ici de la carrière de l'enseignement. En 1852, lors de la loi Falloux, on disait ouvertement dans les académies: « Que voulez-vous faire dans l'enseignement, vous êtes protestant ou bien vous êtes républicain; vous végèterez, si toutefois vous arrivez à recevoir une nomination. »

Il y a quelques années à peine, après un examen de la Sorbonne, l'un des juges, étranger de naissance, eut à subir les reproches du ministère et du président de la Commission d'examen, pour avoir donné des notes méritées et véridiques à un candidat au professorat qu'il devait éliminer, parce que, disait-on, « c'est un républicain, il a mauvaise tête. » Dans un jury français et sous la République, il a fallu un étranger pour prendre la défense d'un jeune homme dont le talent était à la hauteur du caractère.

De pareils faits se passaient presque à chaque examen ou concours ; leur nombre est légion. On les connaît, personne n'en parle au public !

Si les villes avaient eu leurs écoles, celles-ci du moins auraient servi de refuge à bien des hommes traqués et entravés dans leur carrière, et leur auraient ouvert un champ d'action.

Alors un autre progrès se réaliserait, vainement espéré jusqu'à ce jour. Aussi longtemps que l'école appartient à l'État qui dispose en maître souverain du personnel et du programme, tout le monde se désintéresse du succès d'un établissement où tout marche aux frais et par l'ordre de l'État. Le jour où les villes auront leurs écoles, leurs collèges, leurs commissions scolaires, leur part afférente de gestion et de décision dans le choix et la direction du programme des études, l'école, œuvre locale, possédera plus que les sympathies de la population, elle pourra compter sur des ressources inespérées, sur des dotations, et des legs. La libéralité ni le dévouement ne font défaut dans notre pays ; mais là où l'État se charge de tout et se montre jaloux de toute intervention, ces qualités toutes françaises ne savent où se prendre. Toutes ces ressources sont perdues lorsque l'esprit local, l'esprit municipal ne sont pas appelés à concourir à l'œuvre de l'État. Bien des questions se décideraient au mieux de tous les intérêts, si dès ce jour, dans quelques grandes villes, des comités se formaient, composés de conseillers municipaux et de notables, qui s'entendraient pour rédiger leurs vœux et leurs propositions, pour créer surtout quelque journal subventionné par elles, destiné à traiter ces questions pédagogiques, à les élucider, à rallier le concours de tous sous le titre de l'École municipale. Ce journal plaiderait cette cause, et lui gagnerait l'assentiment d'hommes influents, universitaires ou autres, qui reconnaissent l'insuffisance actuelle de l'école secondaire gréco-latine.

Et pour que des méthodes nouvelles, des livres nouveaux, un personnel recruté dans des conditions nouvelles, concourussent utilement au succès de l'œuvre, il faudrait une direction nouvelle, un esprit nouveau et un autre patronage. Quels sont à Paris les protecteurs, les inspirateurs, les soutiens de ceux qui travaillent ou voudraient travailler en dehors de l'Université au service d'une école municipale? Ces supérieurs, grands dignitaires de l'Université, n'ont qu'un seul souci, celui de détourner vers les lycées qu'ils appellent l'Université, pour sa plus grande gloire, tout effort et toute tentative. Ils ne sont pas pas nommés pour créer et développer l'idée de l'école municipale; mais pour subordonner et subalterniser, au profit de l'autorité exclusive de l'Université, toute initiative, tout essai courageux.

L'Université elle-même, c'est-à-dire les lycées, nous pouvons le dire sans être accusés de la calomnier, a naturellement toutes les susceptibilités d'un corps constitué. Tout ce qui ne vient pas de chez elle, est suspect. Soyez des nôtres, leur dit-on, autrement : *Nescio vos !* Lors des démarches que j'ai dû faire quand il fallait encore soumettre les livres à l'acceptation des commissions d'examen, on me disait au Ministère : Vous êtes professeur à Chaptal ! Vous vous trompez de chemin. *On n'est pas de la Ville !*

On n'est pas de la Ville! En principe, ces avertissements bien que très-durs n'excluent pas une certaine bienveillance. On vous encourage même dans vos tentatives, mais à une condition: c'est que vous vous jetiez dans les bras de l'Alma-Mater. Que si vous persévérez de rester au service de la Ville, insensiblement vous êtes considéré comme un rival, presque comme un adversaire. Plus même les travaux que l'on peut livrer, tout modestes qu'ils sont, accusent une réelle compétence, plus on vous en veut de ne pas la mettre au service du corps tout-puissant. Alors les rangs se serrent et se ferment devant vous. Par esprit de corps, bien des maîtres vous repoussent, vous, vos idées, vos tentatives, vos livres, et si vous cherchez autour de vous un appui, un défenseur bien en situation de parer aux inconvénients de cet exclusivisme, vous ne trouvez encore à la tête de la Ville qu'un autre universitaire qui dans son for intérieur pense ce que l'autre disait crûment : *On n'est pas de la Ville!*

Que fera-t-il, que voudra-t-il faire, lui, le commissaire du Gouvernement, le délégué de l'Université, pour encourager des écoles, dans lesquelles l'Université veut voir des rivales, dont le plan, dont l'organisation ont dû se constituer malgré et en dépit d'elle? Que sont pour lui les professeurs qui se produiraient dans des écoles municipales si mal vues ? Est-ce à lui à prouver aux lycées que l'on fait bien ailleurs que chez eux? Ne voit-on pas que son action, étant données ces circonstances, se bornera tout au plus à un contrôle, à une surveillance administrative; elle ne va pas jusqu'à grouper des forces, les animer de son esprit, les rallier autour d'une idée qui porte ombrage à ceux dont il est le représentant ? Pour faire un sort à une idée, il faut un patronage direct ; il faut un groupe d'hommes intéressés à son succès, qui la fassent respecter, et forcent ses adversaires à composer avec elle et son œuvre. C'est une naïveté de croire que des fonctionnaires se désintéresseront de leurs opinions reçues, jusqu'à aider au succès d'un système rival du leur.

Deux grandes mesures sont à prendre qui répondent à un double besoin fondé sur la nature des choses : L'enseignement secondaire spécial doit être séparé de celui des lycées; il faut lui constituer son terrain, sa demeure, ses pénates, mais ne pas oublier que même ainsi il ne peut suffire aux besoins des villes de France et remplacer le collège communal. Même ainsi, la question du collège communal reste entière, c'est-à-dire qu'elle n'est point tranchée, et que toutes les villes de second et de troisième ordre ne pourront se résigner à ne posséder chez elles que ces écoles industrielles commerciales, s'adressant aux jeunes gens pressés d'entrer dans un bureau, dans un atelier, et qui forment des commis et des apprentis. Si l'on ne veut pas que ces villes, dont les ressources sont limitées, continuent d'avoir de faux lycées et un enseignement d'humanités anciennes, il faut reconnaître du moins qu'elles ne peuvent se contenter d'un enseignement primaire supérieur. Si elles ne doivent plus prétendre à conduire leurs élèves au baccalauréat ès lettres, qu'on reconnaisse au moins qu'elles ont le droit (qu'elles feront du reste valoir, il n'en faut pas douter) de préparer leurs enfants au baccalauréat ès sciences. Cela signifie qu'il faut organiser un enseignement qui mène à l'un des deux diplômes ; des écoles qui, avec les langues vivantes et avec les sciences, retiennent, en fait de leçons de latin, ce qu'il faut pour ce baccalauréat. C'est dire expressément qu'il faut maintenir pour ces écoles le programme de Chaptal, avec ou sans les classes de mathématiques spéciales auxquelles Chaptal a droit par sa situation, par le nombre de ses classes et son titre de grande école parisienne.

Il a été rarement question en France de l'école Réale. Un article de M. Bréal, qui a paru dans la *Revue des deux Mondes* en 1875, propose à la France le type de l'école Réale allemande du second dégré, c'est-à-dire de l'école Turgot. Mais de l'école Réale dite Réal-Gymnasium, où l'élève continue d'apprendre un peu de latin pour arriver à un baccalauréat ès sciences, il n'en est que vaguement fait mention, et cela, sans conclure sur le parti à prendre quant à l'une et à l'autre séparées ou réunies.

Nous nous demandons pourquoi cet oubli. Pouvons-nous, en France, priver de la connaissance du latin les jeunes gens qui ont le temps, les loisirs et la fortune nécessaires pour continuer leurs études jusqu'à l'âge de 18 ans?

Faudra-t-il pour cela les renvoyer au thème grec, au vers latin et au discours latin? S'ils ont les moyens de recevoir une instruction scientifique et s'ils aspirent à ce baccalauréat ès sciences que l'État a sagement distingué du baccalauréat ès lettres, devra-t-on condamner leur jeunesse aux exercices qui préparent à celui des deux baccalauréats, dont ils ne veulent pas, et qui ne servent pas à ce baccalauréat ès sciences auquel ils aspirent?

Voilà cependant où est toute la question, et que l'on ne s'y trompe pas, c'est la question des colléges communaux.

Chaptal, grâce à l'initiative de la Ville de Paris, a pu prendre les devants. Chaptal a gardé les leçons de latin, et aspire à instituer ce cours pendant quatre ans au lieu de trois. A ce compte, il n'y a point d'excès, et Chaptal n'a jamais donné dans le travers des écoles Réales allemandes (Réal-Gymnasium) qui ont dû inscrire le latin sur leur programme à raison de 8 heures par semaine et enseigné pendant 6 et 7 ans.

Dira-t-on qu'en ce moment même il se fait en Allemagne une réaction contre les Réal-Gymnases, c'est-à-dire contre cet enseignement que certains appellent hybride, scientifique et moderne d'un côté, et de l'autre imité de l'École latine du moyen âge, nous demanderons qu'est-ce-que cela prouve? Est-il question pour nous d'imposer le même nombre d'heures, de réclamer le même nombre d'années de latin?

Quelle différence n'y a-t-il pas entre cet enseignement donné pendant six années à raison de 8 heures par semaine, tel qu'il est imposé aux Réal-gymnases allemands, et celui qui se donnerait pendant 4 années à raison de 4 heures?

Est-ce dans notre pays où l'élément latin a pris cette importance dominante, que des jeunes gens qui ont la fortune nécessaire pour rester jusqu'à 18 ans sur les bancs de l'école, peuvent recevoir une instruction dite scientifique, sans prendre connaissance de la langue, mère de la nôtre, recevraient une instruction littéraire soignée et complète à côté de leurs leçons de sciences, sans consacrer quelques leçons à l'étude du latin, qui, pour nous, est la clef de la langue que nous parlons, et comme une langue vivante? Que l'on aille dans le Midi, que l'on y compte ses nombreuses écoles latines qui existent dans les moindres petites villes, et que l'on méconnaisse après cela ce besoin instinctif, qui fait que des éléments de latin font partie de l'instruction réclamée pour les classes aisées. L'enseignement scientifique, disons le, Réal, qui doit exister et se créer en France, ne le pourra qu'à une condition, c'est de conserver des leçons de latin plus ou moins nombreuses. On n'imitera pas les Réal-gymnases allemands, on ne fera que ce qu'a fait

Chaptal, on ne fera que tenir compte d'une des nécessités de la culture française.

Il n'est pas question pour cela de soustraire ces écoles Réales à la direction du Ministre de l'instruction publique. Le seul effet auquel il faut tendre dans les grandes villes, c'est de séparer du lycée l'enseignement dit spécial, et cet autre plus complet qui mène au baccalauréat ès sciences, et de le constituer dans des bâtiments à part, avec un directeur et un personnel à lui, de sorte qu'il puisse se sentir chez lui, avoir et se former ses traditions, sa méthode, inspirées par l'esprit qui l'animera.

Dans les villes moins peuplées, beaucoup de collèges communaux pourront être transformés en écoles Réales. Elles prépareront au baccalauréat ès sciences.

Les lycées, restant en plus petit nombre et retenant les élèves qui prétendent au baccalauréat ès lettres, seront dégagés d'un fardeau qui pèse sur l'ensemble du système des humanités greco-latines. Ils ne seront plus encombrés de ces élèves pour qui leurs exercices sont lettre morte et qui, ne suivant plus les classes avec fruit, sont forcément charriés par les promotions annuelles, parce que le système unilatéral ne laisse pas place à un enseignement différent.

Les écoles Réales à fonder auraient elles-mêmes un double type : celui de l'École Turgot sans classes de latin, ne visant pas au baccalauréat, mais préparant aux examens du volontariat, et le système du collége Chaptal qui vise le baccalauréat ès sciences.

Le Ministre pourrait décider quelles sont les villes auprès desquelles, selon leur importance et selon les sacrifices consentis, il voudra organiser les écoles Réales du premier et du second degré.

Mais ce qu'il importe de rappeler, c'est que partout où serait fondée une de ces écoles du 2e degré, selon le type Chaptal, il va de soi qu'une section latérale pourrait fort bien s'établir, préparant des élèves, selon le type de Turgot et de Colbert, à l'apprentissage et au commerce, de telle sorte qu'ils pussent sortir à 15 ou 16 ans, avec un cours complet sans latin.

Cette section parallèle existe à Chaptal, et cela sans aucun inconvénient pour l'un ni pour l'autre de ces systèmes qui ont une parenté étroite.

Nous disons que c'est aux villes que revient le soin de provoquer la création de ces écoles Réales. Tout le monde est intéressé à ce qu'elles prennent cette initiative : les familles, les municipalités elles-mêmes, enfin l'État.

La centralisation excessive dans le système scolaire a donné lieu à tous les abus. Le système unilatéral, dans lequel les écoles sont subordonnées les unes aux autres, ne permet pas à des établissements d'instruction secondaires, de type différent, de suivre une voie parallèle, d'éclairer leur méthode par le contraste, par l'émulation, par la différence qu'apporte l'enseignement de maîtres, d'origine et de caractère divers. La liberté n'est permise qu'au clergé : un abbé peut ouvrir une école, une ville ne le peut. Une société particulière peut mettre à l'essai un système nouveau d'instruction ; cela est à peu près impossible aux municipalités. Quel inconvénient y aurait-il à ce que, dans dix ou quinze villes de France des écoles Réales fussent ouvertes parallèlement avec le lycée? A Strasbourg, ville de quatre-vingt mille âmes, il y a aujourd'hui un lycée, un gymnase protestant qui est lui-même un véritable collège conduisant au baccalauréat ès lettres avec bifurcation de classes dites pratiques ou commerciales, une Réale-Schule, enfin un petit Séminaire catholique, qui a été fermé pendant quelque temps, mais qui est plus sûr que jamais de retrouver les rangs serrés d'élèves qu'il avait autrefois.

Ce système de centralisation absolue sous le régime de la liberté, ne se comprend pas. Il cadrait admirablement avec les traditions de l'Empire. Tout devait se faire par les ministres et ses bureaux et venir d'en haut. Les bureaux du Ministère n'ont jamais été opposés à des idées neuves et n'ont pas été hostiles à des réformes. Seulement tout devait passer par leur canal. Ne fallait-il pas que l'honneur de toute initiative comme de toute réforme revînt au ministre et au souverain? Chaque progrès à accomplir dans le pays devait servir à étayer, à consolider le système impérial. Chaque mesure utile, provoquée par l'initiative de quelques citoyens, devait être confisquée par l'État et lui servir à absoudre son Deux Décembre. La conséquence de ce régime, c'est que les ministres publiaient des circulaires splendides, se faisaient adresser des rapports brillants, réformaient, décrétaient, et le pays acceptait docilement et passivement les réformes et les décrets. Mais les réformes ne pénétraient pas dans le pays, parce qu'elles n'étaient pas sorties du pays ; elles n'étaient pas le résultat d'une longue discussion ouverte sur toute la surface de la France, d'essais tentés par des particuliers, par des corporations. Un autre ministre écrivait d'autres circulaires, se faisait adresser d'autres rapports et trouvait les mêmes recteurs, les mêmes inspecteurs tout aussi empressés à condamner, par exemple, le système de la bifurcation qu'ils s'étaient montrés empressés à y applaudir. Combien de ces projets n'avons-nous pas vus naître et mourir? Autant en emporte le vent. Après M. Duruy, M. J. Simon, auquel fait échec M. Patin, et au milieu de ces essais rien ne change.

Qu'on laisse donc les villes, quelques villes du moins, créer ce type qui existe chez nous et surtout chez nos voisins, lesquels comptent jusqu'à deux cents écoles Réales. On trouvera des directeurs, des maîtres animés d'un esprit nouveau, les méthodes seront soumises à la discussion, les lycées seront appelés à une émulation féconde, les vocations ne seront plus arrêtées, des journaux se fonderont pour discuter les questions scolaires; les mêmes hommes ne pourront plus se flatter de présider aux épreuves de concours où ils repousseront ceux qui leur portent ombrage, de les suivre dans les classes à titre d'inspecteurs, d'imposer leurs propres livres, forçant la main aux maîtres dont l'avancement et toute la carrière dépend d'eux. On pourra enfin respirer; et cela non pas parce que le ministre aurait écarté telles personnalités, évidemment compromises par leur complicité avec la réaction, mais parce qu'en présence d'un second système scolaire, d'un personnel différent et de bureaux d'éducation indépendants, ses propres fonctionnaires seront tenus de respecter la liberté et les droits d'autrui. Ce ne seront plus les mêmes élèves de l'école normale, les mêmes membres de l'Institut qui décideront du sort des livres, des maîtres, des écoles, des méthodes; et ceux qui seraient tentés de le faire, seraient enfin amenés, par la force des choses, à tenir compte d'écoles rivales ou émules, et d'efforts loyalement tentés par des hommes qui auraient suivi une filière et un chemin différent du leur.

Voici qu'on parle de nouveau de projets élaborés par des commissions d'inspecteurs généraux. Quel est ce travail mystérieux, et qu'en peut-on attendre? N'y a-t-il pas parmi eux des représentants, des défenseurs, des complices de cette longue et pitoyable servitude scolaire, telle que l'a établie l'Empire. De pareils hommes prétendraient-ils à organiser les écoles de la République? Dans une question vitale, de laquelle dépendent les destinées de la nation, ce n'est pas trop du concours de toutes les forces pour tendre au résultat. Les villes, le vœu des villes ne comptera-t-il pour rien? Ne seront-elles pas même consultées? Il serait urgent qu'une discussion préalable s'ouvrît là-dessus sur toute la surface du pays. Les vœux exprimés par les villes seraient comme leurs cahiers des Etats Généraux. Alors qu'il y aura lieu de procéder à l'exécution, elles seront certainement appelées à contribuer pour leur part aux mesures à prendre. Doivent-elles seulement être requises pour y aller de la bourse municipale? Ce serait une idée vraiment nationale que de provoquer à l'action un facteur si essentiellement intéressé aux décisions à prendre.

Sans doute, il sera toujours facile à M. Bardoux de faire élaborer par ses bureaux un projet de loi qui aura l'autorité que lui prêtent et les circonstances, et le nom même du ministre. Mais d'autres projets ont été tracés devant la nation, qui n'ont pas abouti. Pourquoi? Ah! C'est que la nation n'avait pas été appelée à en faire son œuvre. Le ministre, ses bureaux, ses commissions avaient décidé de tout, et leurs décisions furent renversées par d'autres ministres, aidés des mêmes bureaux et des mêmes commissions. Et, il ne s'agit pas seulement de prendre des décisions et de faire voter des lois, il faut les faire exécuter et que tout le monde y aille de bon cœur. N'est-ce pas le moment de mettre en jeu le grand ressort de l'intérêt et du patriotisme local, cette force d'affection, ce dévouement de tous, ces sacrifices volontairement consentis pour des idées et des résolutions qui répondent aux vœux des populations, éclairées par la discussion et poussées par un mouvement d'opinion locale, municipale, provinciale.

II.

L'ÉCOLE PRIMAIRE

S'il faut des raisons plus déterminantes pour décider les municipalités à prendre en main cette cause de l'instruction publique, et à prétendre à une part d'influence exercée, soit par elles-mêmes, soit par des comités scolaires locaux, il suffira de rappeler la pression sous laquelle ont gémi si longtemps et si fatalement nos écoles primaires, et de jeter un coup d'œil sur l'état présent de notre enseignement populaire.

Vous aurez lieu de constater que les écoles de nos villes et villages souffrent de l'absence des éléments vitaux de toute œuvre pédagogique; que nos propres écoles primaires sont gravement atteintes d'une stagnation qui provient de causes nullement latentes; et votre sollicitude, ainsi que celles des autres municipalités de France, trouvera dans cet ordre de faits de nouvelles raisons pour s'alarmer et prétendre à une action plus directe et à un contrôle plus effectif.

Laissez-moi vous signaler quelques-unes seulement de ces lacunes que l'on n'a pas su ou voulu combler sous les régimes autoritaires que nous venons de traverser.

Cet inventaire des idées qui animent nos écoles, des vues pédagogiques qui s'y produisent, ou sont frappées dans leur développement, nous est dicté par une pensée bien simple.

Aujourd'hui, la République prend en main les destinées du Pays, et elle se préoccupe tout particulièrement, du sort de nos écoles. A tous les degrés de notre enseignement, il importe de mettre à nu les endroits faibles sur lesquels elle doit porter son attention. Les lacunes et vices de notre enseignement supérieur ont été signalés depuis dix ans, de tous les côtés, et par les hommes les plus éminents. En est-il de même de notre enseignement primaire? On parle d'écoles à créer et d'un enseignement nouveau qui doit être rendu à nos villes et campagnes. Mais, en dehors de ces questions d'organisation et de création, il en est d'autres qui touchent aux conditions de la vie intérieure de nos écoles, et qui ne sont pas discutées comme elles le devraient. Je n'ai pas la prétention d'épuiser le sujet. Je ne puis que relever un certain nombre de faits qui sont de ma compétence. D'autres feront mieux et traiteront la question dans son entier. Mais il est temps de soumettre cet ordre scolaire à un examen qui s'attache un peu moins à la surface, et qui, pénétrant au cœur du système, en signale le vice radical.

C'est le même que celui qui se constate dans l'enseignement secondaire. Tout se fait d'en haut. Les parties intéressées n'ont pas voix au chapitre.

Rien ne sert mieux à mesurer la vie intérieure et intellectuelle d'un corps d'Etat, que les publications qui paraissent sur son domaine. Journaux, revues spéciales, ouvrages théoriques, livres pratiques et d'enseignement, voilà quels seraient les signes manifestes et les faits palpables par lesquels on pourrait mesurer l'activité intellectuelle d'un système scolaire et l'esprit qui l'anime.

Où en sommes-nous sous ce rapport? En fait de journaux pédagogiques, il y en a eu jusqu'ici deux seulement. Ils traitent à peine les questions théoriques. Ce sont surtout des cahiers de devoirs.

Les ouvrages sur la pédagogie parus chez nous, on les compterait facilement.

Des revues? Il vient de s'en fonder une, enfin; et cela à la veille de l'Exposition. Elle est rédigée par des inspecteurs d'Académie et des Inspecteurs des écoles primaires; elle est presque officielle.

Ainsi jusqu'ici, peu ou point de discussions théoriques. Quant à celles qui se produisent, les instituteurs n'y participent guère pour leur part. Ailleurs, un livre pédagogique s'imprime à 1500 exemplaires et se vend. Ailleurs encore, ces livres s'impriment sur toute la surface du pays. Au sud, au nord, dans les plus petites localités, des éditeurs s'offrent pour faire les frais d'un ordre de publications qui ne manque pas de débit. Chez nous, tout ce qui s'imprime vient de Paris. Là, trois ou quatre maisons au plus se prêtent à ces publications spéciales. Et celles-ci ne s'aventureront dans les frais d'un livre semblable, qu'autant qu'il se recommande d'un nom qui jouit d'une autorité fondée sur d'autres travaux. Il faut presque être membre de l'Institut pour voir imprimer un exposé quelconque théorique sur des questions scolaires.

Il en est absolument de même pour les livres scolaires. MM. les inspecteurs, qui ont assez d'influence pour faire accepter un livre en raison de leur situation ou de leur compétence spéciale, peuvent espérer trouver un éditeur. Sans doute, on citera des exceptions dont je tiens compte ici même. Il n'en est pas moins vrai que l'instituteur n'est guère attiré à l'étude des questions pédagogiques par un système de publications rivales, se combattant, se rectifiant l'une l'autre. S'il voulait lui-même produire quelques idées, il rencontrerait devant lui des difficultés sinon insurmontables, du moins décourageantes. Et s'il essayait de réaliser telle idée qu'il aurait poursuivie et étudiée, et de lui faire prendre corps dans un livre scolaire, il ne trouverait pas d'éditeur, et n'aurait nulle influence pour faire accepter son livre et le faire mettre à l'essai. Encore une fois, je sais fort bien qu'il y a des exceptions aux faits que je signale. Ils n'en existent pas moins en principe.

On le voit, toute l'histoire du passé et la situation qu'il vient de vous léguer se résume en ces trois points :

1° Peu ou point de journaux, revues, ouvrages théoriques, c'est-à-dire peu de mouvement, peu de discussion, peu de recherches.

2° Nulle facilité donnée aux hommes de la province de produire leurs idées ailleurs qu'à Paris, et autrement que par l'entremise de quelques éditeurs qui consulteront, avant tout, cela est naturel, leurs intérêts pécuniaires et n'imprimeront pas ce qui ne se lira pas et ne se vendra pas.

3° Nulle faculté donnée à ces mêmes membres de l'enseignement de mettre à l'essai les idées qu'ils auraient produites. Il faut avoir un nom, une situation pour espérer faire accepter ses livres et ses méthodes. Tout vient de Paris, et tout se fait par quelques hommes qui ont pu être agréés de tel ou tel éditeur. Quelque libéralité qu'y mettent ceux-ci, on sent qu'ils doivent consulter leurs intérêts, et qu'ils sont tenus de compter avec les autorités scolaires. C'est à celles-ci, c'est aux hommes occupant une situation influente que revient en somme la tâche et le privilège de faire et de produire. Mais ces derniers ont mille considérations à garder. Il ne leur est permis ni d'innover, ni d'avoir raison, en bien des cas, où ils craindraient de blesser ou d'entrer en opposition avec un collègue, ou en conflit avec des intérêts. Le système pèse sur eux, aussi bien que sur l'instituteur de village. Neuf fois sur dix, la prudence commande de ne rien faire, plutôt que de faire et de s'attirer des inimitiés, en nuisant par le progrès même aux intérêts de celui-ci, à la routine de celui-là.

Mais n'allons pas trop loin dans cette indulgence avec laquelle nous essayons de juger les hommes qui ont la haute direction de notre système scolaire. Dirai-je qu'ils ont été les complices de toutes les fautes et attentats commis sur l'école par le despotisme politique auquel nous venons d'échapper? Non. Mais ce qui est certain, c'est qu'ils sont, pour la plupart, de cœur et d'âme et exclusivement autoritaires. S'ils ne l'étaient pas, ils n'auraient jamais pu aspirer aux fonctions auxquelles on les a élevés. Je veux dire qu'ils ont et auront de la peine à s'imaginer que les choses pourront marcher sans eux, et sans cette pression exercée d'en haut. Ils croiront toujours devoir tout inspirer, règlementer, et tendront, qu'ils le veuillent ou non, à tout absorber. Rien ne pourrait les ramener à des idées plus justes sur leur rôle et sur le développement que l'école peut prendre sans préjudice pour qui que ce soit, comme l'existence de ces comités qui feraient leur affaire des questions scolaires, encourageraient les publications, les essais, et donneraient ainsi à l'action des maîtres et des inspecteurs le stimulant de l'opinion publique. Le jour où ce facteur nouveau entrerait en ligne, il protégerait les uns, contiendrait les autres, et créerait un courant d'idées, auquel chacun pourrait se mêler pour produire utilement le résultat de ses recherches et de ses efforts.

Vous-mêmes, vous avez un intérêt très-direct dans la question, parce que les écoles de Paris sont, elles aussi, atteintes par les conséquences de cet état de choses. Il s'en faut de beaucoup que le progrès des méthodes et de l'enseignement soit en harmonie avec les besoins du temps, et en rapport avec les sacrifices qu'a faits la Ville pour bâtir et établir des écoles. Des lacunes sérieuses doivent être mises en lumière, dont la République ne pourrait encourir la responsabilité ; et à quel moment importe-t-il de les constater plus qu'aujourd'hui où cette responsabilité commence pour elle?

Et d'abord, il est impossible de parler de nos écoles sans rappeler les faits qui ont gravement influé sur l'enseignement public dans ces vingt-cinq dernières années. Je me hâte de dire qu'à Paris on ne s'est pas trop ressenti des effets de telle mesure inique et de tel système despotique qui a frappé l'école primaire de province. C'est une justice à rendre aux hommes qui ont en mains la direction de nos écoles. Ils sont seulement et trop exclusivement autoritaires ; leur autorité n'a pas affecté des allures tyranniques. Nous sommes persuadés qu'ils ont gémi dans leur for intérieur d'une série de faits qui ont signalé l'histoire de nos écoles en province pendant de longues années; mais c'est à ces faits qu'il faut remonter si l'on veut tant soit peu comprendre le présent.

Tout le monde se rappelle les souffrances que les maîtres de l'école primaire ont eu à endurer jusque dans ces derniers temps, pendant une période néfaste : destitués, changés à plaisir par la tyrannie des préfets, appelés aux basses œuvres électorales du régime plébiscitaire, dénoncés, rabroués par des fonctionnaires qui se faisaient les instruments dociles d'une politique cléricale.

Pour ne parler que de la cause même de l'instruction, y a-t-il dans notre siècle, après l'acte du 2 Décembre, un crime politique plus grand, commis sur une nation intelligente, civilisée, qui aspirait de toutes ses forces à l'essor d'une instruction populaire nationale, que la suppression, l'extermination des écoles primaires du 2ᵉ degré, exécutée par la loi Parieu-Falloux ? Ces écoles, on les rétablit aujourd'hui enfin, après vingt-cinq ans. Un quart de siècle !

Les mesures qui accompagnaient cet acte odieux n'étaient pas moins criminelles pour être plus perfides. On recula pour les élèves des écoles normales primaires la limite d'âge à partir de laquelle ils étaient admis à se présenter. On la fixa à 18 ans au lieu de 16 ans. De plus, on diminua les difficultés d'examen. Voilà qui paraît tout à fait paternel; et c'était le comble du machiavélisme! En portant si loin la limite d'âge à partir de laquelle, avec ce faible bagage, les jeunes gens pouvaient entrer dans ces écoles, on décourageait ceux qui jeunes, à l'âge de 14, 15 et 16 ans, possédaient déjà le programme de l'examen. Comment auraient-ils pris patience jusqu'à 18 ans, pour recommencer alors l'étude des matières qui leur étaient familières dès au sortir de l'enfance.

De même, en abaissant les difficultés du programme d'entrée, on réduisit l'examen à n'être qu'une épreuve, où la moindre virgule, le moindre accent décidaient de l'admission ou du rejet d'un candidat.

C'était se donner beau jeu pour écarter les esprits signalés comme indépendants. Les notes sur la calligraphie, l'histoire sainte et autres, servaient à plastronner les constitutions faibles et les caractères dociles. A ce niveau, on gagnait encore de ne pas contraindre à des études trop fortes les Frères de la Doctrine chrétienne, et la force des uns n'était pas éclipsée par l'instruction des autres.

Quand on songe qu'aujourd'hui encore notre administration de l'instruction publique est remplie d'hommes qui ont prêté la main à ces mesures, qui, par complicité ou par faiblesse, ont été les instruments de toutes les servitudes scolaires dont nous n'avons que trop ressenti les effets et les conséquences, on n'hésite pas à reconnaître que la seule intervention du pays, sous la forme de ces comités scolaires, peut assurer contre eux et leurs créatures les réformes, quelles qu'elles soient, que proposera le ministre et que votera la Chambre.

La résurrection de ces écoles aura pour les maîtres cet autre avantage, c'est qu'à leurs efforts on proposera enfin cette récompense qui dans toutes les carrières fait merveilles et qui nulle part ne fait défaut : je veux dire l'avancement. Un instituteur actif, intelligent, aura une perspective autre que celle de rester sa vie durant confiné dans son école de village. Ce sera pour lui, pour les siens, pour son école villageoise elle-même, une satisfaction légitime quand il sera appelé à l'une des classes de ces écoles cantonales, et qu'il pourra arriver jusqu'à la direction de l'une ou l'autre. Quelle émulation cette issue offerte au travail ne va-t-elle pas provoquer parmi nos jeunes maîtres? Mais aussi quelle lumière jetée sur cette nuit du passé, que tous ces actes qui vont ainsi sortir de l'ombre et vont éclairer, l'un après l'autre, les voies obscures et tortueuses où l'on avait engagé le sort du pays.

Mais cette émulation, ce zèle nouveau aura besoin d'organes de publicité, où seront discutés les essais, où les idées pourront se produire. Ces publications elles-mêmes ne trouveront d'écho et ne seront alimentées qu'en tant que sur les divers points du territoire des comités scolaires, de par leurs fonctions, seront amenés à connaître et à juger les idées et les tentatives nouvelles. Chaque groupe d'hommes, unis pour la gestion d'une école, sera forcément comme un comité de lecture. Ils se feront rendre compte des faits nouveaux, des idées et des progrès signalés sur le domaine de l'instruction publique. Les laïques de l'enseignement ne seront pas les derniers à protester contre des lacunes qui se constatent aujourd'hui même dans nos écoles, dans leur programme, dans leurs livres.

J'ai eu lieu de vous rappeler plus haut que, dans nos livres composés pour les écoles primaires, on rencontre à peine une poésie. Les livres de lecture sont rédigés en prose sèche et aride ; quelques-uns offrent cependant des pièces de vers ; — elles sont d'un choix incompréhensible pour quiconque connaît l'enfant, l'enfant du peuple. Ces rares livres de lecture, qui ont fait en quelques pages une petite place à la poésie, semblent du reste absolument ignorer nos poètes des cinquante dernières années, et, en l'an de grâce 1878, remontent dans leur choix à la littérature du premier Empire, et à la poésie descriptive de Delille. Cela n'était pas compromettant!

Tout récemment, a paru un ouvrage scolaire, autour duquel il s'est fait un certain bruit, qui a été couronné par l'Institut et par des sociétés pédagogiques. Le volume, intitulé *Francinet*, parle à l'élève de la France, de son commerce, de son industrie, de son passé, de son présent, de tout enfin, mais, à part une pièce de vers, une seule (et qui est de son auteur), il n'offre pas une poésie — pas un chant ! Des livres semblables ont été publiés chez d'autres éditeurs. Ils ne sont pas mieux étoffés ; eux, aussi, ne contiennent pas une poésie, pas un chant.

Quel homme, pour peu qu'il aime et favorise le développement du sentiment national, pourrait voir de sang froid que la poésie avec le chant, pour l'enfant du peuple, est comme si elle n'existait pas.

Car il n'est pas question de poésie seulement. Le chant, la chanson de l'enfant, le chant scolaire patriotique, national, nos écoles n'en connaissent pas le son.

On ne chante qu'une patrie libre : le système gouvernemental qui, hier encore, pesait sur le pays ne permettait pas un pareil essor, et ceux qui dirigeaient nos écoles, soit complicité, soit réserve commandée par les circonstances, étaient trop prudents pour ne pas laisser dormir l'idée de ces chants avec les sentiments qu'ils eussent évoqués. Quant à ces quelques essais tentés pour nous valoir ces chants de l'enfance, ils sont un acte d'accusation dressé.pour le moins contre l'instruction reçue par leurs auteurs et contre les théories littéraires qui font autorité dans notre système scolaire. J'ai dû analyser quelques-uns de ces recueils dans ma *Poétique de l'Ecole primaire*. Il était nécessaire de citer et de retenir quelques exemples de ces productions qui constateront à jamais, par des traits communs à tous, l'aberration de goût radicale, et la dépravation du sentiment pédagogique, résultat immanquable de notre système scolaire, de son horrible sécheresse, de ses principes littéraires artificiels, et, pour le dire en un mot, des lacunes et de l'étroitesse du goût des prétendus gens de goût. Ailleurs, en Suisse par exemple, il n'est pas d'école qui n'ait son recueil de chants, pas d'écolier, qui, dans les excursions faites en commun, ne puisse entonner avec toute la bande l'une ou l'autre de ces chansons qui célèbrent la jeunesse, la nature, la patrie. Est-ce qu'en France on eût manqué de poètes et de compositeurs pour nous valoir de pareils trésors, si l'école, par la voix de ceux qui la dirigent, avait exprimé seulement un vœu dans ce sens?

Ces faits doivent être dits et cet état de choses doit être signalé. Il nous permettra de juger jusqu'où s'étendait l'influence pernicieuse et occulte qui arrêtait avec la pensée, l'expansion de tout sentiment, voire même le sentiment national, de peur que dans un chant scolaire qui célébrât l'enfance, la nature, la patrie, la France, il ne se glissât un mot de liberté. Oui, il n'y aura, à tout jamais, pas de plus cruelle statistique que celle qui établira que dans tous ces livres scolaires, même ceux composés depuis 1870, l'élève ne trouve pas une poésie qui célébrât la France, que l'on n'y rencontre pas l'écho d'un chant, d'un lied, de quoi que ce soit que l'écolier puisse comprendre, retenir et aimer et qu'il chante d'instinct, quand il est rendu à lui-même; que nos écoliers, en bien des villes et provinces, n'ont dans le souvenir ni sur les lèvres, un seul chant simple, enfantin, scolaire, que seuls, ou réunis à d'autres, ils puissent entonner en l'honneur de la Patrie!

Les leçons de choses ont reçu de nos jours quelque célébrité par les livres de Mme Pape-Carpantier, et par l'annonce qu'a faite l'école Monge qu'elles figureront dans son programme. Les tentatives si belles de Mme Pape-Carpantier ne sont pas continuées par les divers livres de lecture qui tout récemment ont prétendu en réaliser l'idée pour l'élève plus avancé en âge. C'est que la discussion n'a pas été ouverte entre les maîtres des écoles de Paris sur cette discipline si importante, pas plus que sur les autres. Cette question, d'une portée immense, n'a pas été élucidée ni traitée par tous et pour tous dans ces débats, que pourraient seuls engager des journaux spéciaux, d'esprit, de tendances diverses. Il a fallu qu'une école libre, une école Monge fût fondée au capital de plusieurs millions, pour que, dans des classes de neuvième, de huitième, de septième, de sixième, cette partie du programme fût mise à l'étude, et Vous, c'est-à-dire la Ville de Paris, qui a tant d'écoles primaires à classes distinctes, qui a des écoles d'enseignement secondaire spécial (mais où il n'existe pas de classes élémentaires!), qui verse à ces écoles les millions, non-seulement sous forme d'un capital une fois donné, en bâtiments et installations, mais pour les dépenses annuelles d'entretien, Vous n'avez pas vu, malgré tous ces sacrifices, le mérite de l'initiative dans cette question. Vous rester acquis par des progrès continus, comme il le devait encore dans toutes les autres questions qui tiennent à l'école primaire.

L'enseignement du français, lui-même, a-t-il pris chez nous cette direction pratique et rationnelle qui l'eût ramené dans ses voies normales? M. Bréal a fait là-dessus une conférence toute remplie d'idées justes et qui n'ont qu'un malheur, c'est d'avoir besoin encore aujourd'hui d'être produites par un homme de cette autorité. Il est certes très-beau de voir un membre de l'Institut donner à l'école primaire les conseils et les leçons d'une science d'autant plus digne de respect qu'elle se fait plus simple et plus familière. Mais, à lire ces pages, on ne peut se défendre d'un sentiment de surprise en constatant qu'il soit nécessaire encore aujourd'hui d'énoncer des vérités pédagogiques qui devraient, depuis de longues années, avoir été formulées, et être entrées dans la pratique de l'école. Ceux qui ont, non-seulement lu, mais entendu cette conférence, savent d'ailleurs combien d'observations ont été atténuées à l'impression. Elles mordaient trop dans le vif. Au fond, tout cet exposé est une page d'histoire. Il marque nettement le point où nous en sommes encore aujourd'hui dans cet enseignement de la langue maternelle, et il forcera toujours le lecteur de se demander comment on a pu faire pour rester encore aujourd'hui butté contre de pareilles erreurs pédagogiques. N'est-ce pas que la discussion et le libre développement laissé à l'école, s'accomplissant sous un contrôle et une direction libérale, on auraient eu facilement raison depuis des années?

L'enseignement de l'allemand dans les écoles de la Ville a-t-il produit un essai? une tentative qui ait été encouragée par la Direction?

Sur cette question l'action de la Direction scolaire municipale se réduit à néant. Je me trompe, elle s'est faite complice de la routine.

Toutes ces lacunes ne sont rien en comparaison de ce silence sur les questions pédagogiques, qui a été le trait distinctif du régime absolu!

Mais si le silence règne dans les écoles sur les questions scolaires, il faut dire qu'il n'est pas également profond et absolu sur les travaux de la Direction. Elle seule fait parler d'elle. Ce privilège, elle consent à le partager avec deux ou trois sommités scientifiques. Trois ou quatre noms ont l'avantage de revenir sous les yeux du public toutes les fois qu'il est question d'école. Le fait a lieu d'autant plus fréquemment que ces hommes se rendent volontiers justice les uns aux autres. Le premier qui commence, ne manque jamais de faire un compliment à ses collègues de l'Institut, et le second à son tour cite avec force éloges le premier et le troisième. S'il arrive qu'un nouveau venu entre dans le chœur, il se hâte de gagner des droits à cette réciprocité de louanges académiques, et il paye son tribut d'hommages à ceux dont il espère qu'ils daigneront lui faire écho.

Cela pourra fournir un jour un juste sujet d'étonnement au lecteur qui, lisant ces rapports, verra toujours les mêmes noms repasser sous ses yeux. Il lui sera facile d'embrasser d'un coup d'œil notre état-major pédagogique, et il comprendra par ce trait de caractère mieux que partout autre, jusqu'à quelle date nous avons vécu sous le régime où tout se fait et doit se faire d'en haut.

Cependant, lors de l'Exposition de Vienne, M. Levasseur (de l'Institut) n'a pas manqué, dans son rapport, de signaler les exposants français qui avaient produit des œuvres utiles dans la section de l'enseignement. Mais la Ville de Paris a reçu une médaille collective d'honneur pour son exposition scolaire. Vous a-t-on signalé quelques travaux, quelques noms, quelques idées sorties de vos écoles?

Que la Ville de Paris obtînt une distinction collective qui entraînait forcément vis-à-vis de l'étranger l'effacement des noms et des travaux par lesquels s'était constituée l'œuvre scolaire commune de la capitale, rien de mieux. C'était pour nous tous une satisfaction patriotique d'être présentés ainsi en rangs serrés au dehors, aux étrangers, sur ce champ de bataille pacifique, européen. Il s'agissait là de figurer en nombre compact. L'honneur de chacun était l'honneur du drapeau, et l'on était fier de rester dans le rang.

Mais ici, chez vous, entre nous, il semblait juste, légitime, commandé par l'équité non moins que par l'intérêt de vos Ecoles, que la Ville de Paris, que Vous, son Conseil, vous apprissiez, dans un rapport plus ou moins détaillé, quelle part de travail, de sacrifices, d'idées neuves, chacun de nous avait apportée à ce prix dont la Ville avait l'honneur.

Si cela ne se faisait pas, la Ville semblait confisquer pour elle le mérite de chacun; et comme la Ville est un être abstrait, et que Vous, les membres du conseil municipal, vous ne voulez pas passer pour avoir exécuté ces livres, imaginé ces méthodes, inspiré ces idées neuves, réalisé ces progrès — vous n'avez pas ces prétentions absorbantes — celui, à qui, en dernier résultat, parut revenir cet honneur collectif, était M. le directeur de l'enseignement de la Seine. On a pu se demander si la direction voulait le garder pour elle, en la voyant si peu empressée de Vous rendre compte de quelques travaux qui eussent du moins mérité un encouragement.

Dans ces conjonctures, on fut encore plus surpris d'apprendre qu'une grammaire française, introduite dans les écoles de la Ville de Paris, avait cependant été tirée de pair, non pas pour être signalée à votre attention, mais pour être directement médaillée, malgré tout ce qui avait été dit sur l'impossibilité de décerner autre chose qu'une médaille commune. Ce livre, s'il n'était pas directement inspiré par M. Gréard, jouissait du moins de toute sa faveur. Par la médaille qu'il obtenait ainsi, tout exceptionnellement, c'est bien l'administrat̃·̃ qui paraissait récompensée. Il est fâcheux que dans une distribution de récompenses, la Direction, parût à tort ou à raison, avoir pris et en quelque sorte gardé pour elle Tout et Partie.

Vous avez donc intérêt vous-mêmes à ce qu'un comité scolaire, composé de tels membres s'offrant parmi vous, avec adjonction d'autres notables de la Ville, prît en main la cause de vos Ecoles. Il n'est pas question de porter atteinte à des positions acquises, mais il y a urgence pour vous à renforcer l'autorité du Directeur des Ecoles primaires, si par hasard il avait hésité devant les réformes citées plus haut, par crainte d'autres influences puissantes. Vous l'aurez armé d'une autorité plus grande, et rien ne vous empêchera d'attirer son attention sur tel point qui vous paraîtrait mériter votre sollicitude, de même que vous ne lui défendriez pas de vous entretenir de telle partie de ce programme, ou de telle œuvre pédagogique qui reste à créer ou à encourager.

Des types nouveaux d'école étant réalisés, la plus urgente des questions d'organisation sera encore et toujours celle des langues vivantes. Il faudra les enseigner dans leurs éléments aux élèves de ces écoles cantonales qui vont couvrir la France. Dès lors, il n'est pas trop tôt de pourvoir aux voies et moyens par lesquels on rallierait un personnel suffisamment préparé pour ces leçons à donner dans des cours primaires. Comme Vous-mêmes, vous ne manquerez sans doute pas de réclamer, pour vos écoles Réales, les classes inférieures qui leur manquent, et qu'il faudra y commencer l'allemand avec les enfants de 8 à 10 ans, cette nécessité forcera votre Comité scolaire d'accorder une attention particulière à ce recrutement et ne vous fera pas trouver déplacées des observations que j'ose vous présenter à ce sujet.

Nos agrégés et même nos maîtres, qui ont le brevet d'allemand, n'y suffiront pas. On a compris, depuis quelque temps, quels services un instituteur peut rendre dans la classe de 9ᵉ des lycées. Il est évidemment mieux préparé à faire ces leçons de commençants qu'un humaniste licencié ès lettres. De même y aurait-il quelque parti à tirer, pour ces premières leçons d'allemand, des instituteurs alsaciens qui sont ici à Paris placés auprès des écoles de la Ville.

Ils ont tous, il est vrai, consacré tout le temps de leur jeunesse à apprendre surtout le français. De l'allemand ils ne possèdent que le fond de la langue. Mais ils en sauront toujours plus qu'il ne faut pour des commençants âgés de huit à neuf ans, alors qu'ils auraient reçu eux-mêmes, pendant quelques mois, une direction qui les aurait soumis aux exercices de diction et autres. Plus tard, ils pourraient se préparer au brevet d'allemand.

Pour l'instant, vos écoles trouveraient là les éléments de ce personnel auquel reviendraient les leçons d'allemand des commençants, et plus tard celles à donner dans les classes moyennes, quand ils auront passé l'épreuve du brevet.

Il est certain, d'autre part, que nous ne manquerons jamais de professeurs d'allemand, par la raison qu'il nous viendra toujours des maîtres de l'Alsace, et ceux qui vont se présenter, le sauront évidemment mieux que les instituteurs des anciens jours, qui avaient passé leur jeunesse à apprendre le français, qui avaient concentré sur cette étude tous leurs efforts, et ne s'étaient avisés que bien tard qu'ils savaient assez d'allemand pour l'enseigner en France. En ce moment l'Administration scolaire prussienne n'enseigne que trop bien la langue allemande dans les écoles de l'Alsace. Il n'y a donc pas à craindre que nos lycées et collèges manquent de recrues pour cet enseignement. Du moins, pour leurs classes inférieures, trouveront-ils là un personnel tout formé.

Mais si l'on veut créer des écoles Réales des types Turgot et Chaptal, il faudra envisager cette question des maîtres et du personnel, d'un point de vue plus élevé. Pourquoi la Ville de Paris ne prendrait-elle pas pour elle-même et les autres villes de France, l'initiative d'une mesure qui est commandée par les nécessités du temps présent. En Angleterre on a reconnu que l'on n'aura jamais de professeurs de français, réellement en situation de tenir une classe d'élèves anglais, que si l'on envoie de jeunes maîtres se former en France à la pratique de la langue.

C'est là une opinion qui peut se discuter chez nous. Mais elle s'est fait jour chez nos voisins, et a pris racine chez eux. Ce n'est pas à nous à leur prouver qu'ils ont tort de penser ainsi. Vraie, ou non, il serait inutile de notre part d'y contredire, et il ne servirait à rien de vouloir la combattre. C'est un fait qu'il faut admettre, quitte à le faire servir au mieux des intérêts des deux nations, et à la diffusion plus grande de la langue française.

Pourquoi la Ville de Paris, dont les magistrats ont des rapports fréquents avec le Lord Maire de Londres, ne s'entendrait-elle pas pour offrir de créer à Paris une école ou un centre d'*études pratiques* de la langue française, ouvert à ces maîtres anglais qui seraient sûrs dès lors de pouvoir, à moins de frais, suivre, non des cours de littérature seulement et de linguistique, mais des classes techniques de diction, et cela dans une école où les conférences se doubleraient de corrections de devoirs, et où il y aurait des sections de force diverse. Alors, sans doute, Londres offrirait à de jeunes maîtres français un Institut pareil, où vous pourriez envoyer des jeunes gens et des professeurs désireux de doubler leur connaissance des langues mortes, de celle d'une langue vivante. Vous nous prépareriez ainsi ce personnel supérieur de Directeurs d'Écoles cantonales, professionnelles, commerciales, qui sauraient l'une, au moins, des langues modernes enseignées dans leurs classes.

La question des langues vivantes et des humanités modernes, recevrait ainsi un commencement d'organisation qui s'étendrait peu à peu à d'autres langues et à d'autres pays. La municipalité de Paris aurait pris là une mesure d'une portée européenne. Quant à l'allemand, il paraîtrait indiqué d'établir une succursale similaire à Dresde ou dans le Nord, à Brunswick ou à Hanovre. Mais pour l'heure présente des susceptibilités légitimes s'opposeraient peut-être à cette réciprocité d'instruction technique internationale dans ces deux langues, et ce que nous venons de dire de l'Alsace et du personnel que nous y trouverons toujours, lequel à partir d'aujourd'hui ne parlera et ne saura l'allemand que trop bien, suffit pour répondre aux besoins élémentaires de cet enseignement. Ce qui pourra fort bien arriver, c'est que ces jeunes maîtres venus de l'Alsace, auront besoin d'apprendre plus de français qu'ils n'en sauront, et cette école pratique de langues modernes, pourrait leur valoir ces cours de français qu'ils partageraient avec les maîtres anglais et autres, et qu'ils recevraient de tels de nos zélés professeurs de la jeune Sorbonne ou des Hautes Études, qui ont un nom dans la science.

L'idée que je propose ici n'est pas de moi, elle est de M. Ernest Arnold, arrière-neveu du grand pédagogue Arnold, directeur de l'Ecole de Rugby. Mon ami a fait à Paris divers séjours pour se perfectionner dans la pratique de la langue. Il a pu mesurer toutes les difficultés qui empêchent encore aujourd'hui ses nationaux de se former à l'enseignement de notre langue dans les conditions où semble le demander le système scolaire de l'Angleterre.

Mais, qu'on ne l'oublie pas, il faut aviser à cette question des maîtres, car très-prochainement il sera nécessaire de pourvoir à l'enseignement des langues vivantes, dans les écoles Réales de types divers qui s'ouvriront dans les villes de France, et de même dans les écoles cantonales. Enfin, Vous-mêmes à Paris, vous aurez à l'organiser dans les classes inférieures qui restent à créer dans vos écoles Réales et autres. Il y a plus : il y aurait lieu d'aviser à l'organisation sérieuse de cet enseignement dans les cours du soir où se pressent les ouvriers et de jeunes employés.

La Société Philotechnique a ouvert des cours de Langues dans ses diverses sections. Mais une leçon par semaine ne peut suffire, là, où l'élève doit se soumettre à des exercices pratiques. On peut faire un cours d'histoire en vingt ou trente séances. L'allemand demande des efforts répétés. Il s'agit de donner à l'élève, non pas seulement un aperçu ou même un certain savoir, mais une sorte de virtuosité qui ne s'acquiert que par des exercices multiples. La Société Philotechnique fait ce qu'elle peut ; il faut l'en louer. Mais la Ville, devant ces nécessités particulières du Cours, pourrait faire plus. Elle a bien organisé des leçons de dessin qui se donnent aux ouvriers à raison de trois séances par semaine. Pourquoi n'a-t-on pas proposé d'établir de même quelques cours de Langues ?

Il n'est pas question de l'allemand seulement. Notre commerce d'exportation fait pour trois cents millions d'affaires avec l'Amérique centrale et du Sud. Combien de jeunes gens parisiens, s'ils étaient armés de la connaissance de la langue espagnole, ne seraient pas engagés tout naturellement à porter de ce côté, leur action, leur intelligence, leurs visées. Notre commerce, aussi bien que notre influence politique, est intéressé à ce que le trop plein de notre jeunesse aille activer les relations et multiplier les issues ouvertes à notre production nationale, dans tous ces pays qui ont quelque parenté de race avec la France. Il ne s'agit pas seulement de patrons et de futurs chefs de maison, mais encore de ce personnel dévoué, fidèle, digne de confiance, courageux enfin et solide, que notre commerce lui-même a besoin de pouvoir utiliser pour ses entreprises lointaines.

Grâce à des cours réguliers ouverts aux jeunes gens de nos bureaux et comptoirs, la Société Philotechnique serait déchargée d'un enseignement qui, par sa nature, réclame des leçons plus fréquentes. Les jeunes gens désireux d'y prendre part, sont nombreux, et beaucoup d'entre eux, je le sais par expérience, les suivraient sérieusement. Ils seraient alors encouragés par la perspective presque certaine d'un résultat devenu possible, et pour le moins satisfaisant. Le dévouement des fondateurs de la Société Philotechnique trouverait sa récompense dans cette satisfaction d'avoir donné lieu à la création d'un enseignement solide, par les cours qu'elle a ébauchés, et qui auront servi du moins à signaler et une lacune grave, et des besoins d'instruction vivement sentis par notre jeunesse ouvrière. Elle pourrait alors multiplier ces conférences, telles que celles de l'Association d'Asnières, de Lagny et autres, où des hommes dévoués, des lettrés, des savants, des députés, viennent, une fois par semaine, se mettre en communication avec un auditoire populaire. C'est faire servir l'expérience de chacun au profit de tous, et c'est organiser la vraie démocratie que d'établir ces communications de la pensée entre hommes de tout rang et de toute condition. Les Associations Polytechnique et Philotechnique, trouveraient là leur véritable champ d'action, en outre des cours spéciaux continués par elles.

III

LES ENFANTINES DU BON PAYS DE FRANCE, ET LES PROFESSEURS DES ECOLES MUNICIPALES A L'EXPOSITION UNIVERSELLE DE 1878

L'instruction populaire aura beau être organisée à nouveau dans nos villes et campagnes, les efforts que l'on fera seront frappés de stérilité, si l'on ne se préoccupe de rendre au peuple sa littérature ; si nos auteurs scolaires, aussi bien que nos maîtres ne s'attachent à restituer aux familles cette poésie que l'école, jusqu'à ce jour, leur a enlevée. Nous disions plus haut que ce qui frappe dans le système actuel, c'est l'absence dans l'école primaire de la poésie et du chant. Mais, il ne faut pas se dissimuler que notre littérature trop savante pour le peuple, a besoin de faire un retour vers lui, pour se rendre accessible et pour agir sur l'esprit des populations. A ce point de vue, ce qui étonne encore plus dans nos livres scolaires, où l'on rencontre quelques rares morceaux de poésie, c'est le goût absolument artificiel, qui préside au choix des morceaux. L'idée du musée scolaire a du bon. On devra y placer ces livres de lecture à l'usage de nos classes primaires, composés dans ces trente dernières années ; aussi bien

ceux qui ne renferment pas un seul morceau de poésie, que ceux qui offrent
à l'école primaire quelques vers au milieu d'un désert de morceaux de prose.
Je ne doute pas qu'ils ne deviennent pour les générations futures un juste
sujet d'étonnement et de douloureuse surprise.

Ces observations s'étaient imposées à moi, il y a longtemps de cela, en Alsace, avec d'autant plus de force qu'ayant à enseigner le français autrement
qu'on ne le ferait à l'intérieur, ayant à apprendre à nos élèves jusqu'aux mots
et tournures de la langue, je dus dès lors appeler à mon secours la poésie et
les leçons de vers. A Strasbourg, comme au Gymnase de Bischwiller, j'avais
recueilli assez péniblement des morceaux simples de style et de sentiment,
et j'avais réussi à réunir, tant bien que mal, quelques chants à l'usage des élèves.
Mais ce travail ingrat ne fit que me confirmer dans la conviction que la source
du mal était plus haut, dans nos théories littéraires et dans le goût académique de ceux qui dirigent les destinées des écoles. A Paris, enfin, j'ache-
vai longuement et lentement ces volumes, qui devaient nous composer autant
de recueils de poésies, vraiment et entièrement intelligibles à l'enfant du
peuple, d'après lesquelles on déduirait surtout cette poétique de la littérature
populaire qui restait à formuler, et pour elle-même, et pour gagner, si possible, et entraîner la conviction et l'adhésion des lettrés, des penseurs, des
hommes de goût, des savants. Il n'était donc pas question de faire un choix
dans ce volume des Enfantines. Il fallait d'abord réunir cette littérature, l'offrir aux réflexions des maîtres et des lettrés, puis, accompagner ce livre ou
ces livres de cette Poétique, où il serait question d'autre chose que de la
place d'une épithète et de la grâce d'une inversion.

Quelques pages de cette Poétique ont paru dans le *Courrier littéraire*
(numéro du 10 février), (1) qui malheureusement a cessé depuis lors sa
publication. Je me flatte qu'elles sont une réponse convaincante à la décision
de la Commission. Toute cette littérature du premier âge est essentiellement
gnomique. Elle apprend à l'enfant à parler, à nommer les objets; elle forme
sa diction ; elle lui fait faire la gymnastique du corps par les rondes, comme
celle de la voix par les randonnées. C'est donc là un premier effet essentiellement utile et pratique, et qui ne peut être dénié à ces poésies.

Quant au fond et à la forme, revêtue par elles pour se faire comprendre, leur
appropriation à l'intelligence de l'enfant est tout simplement admirable.
L'étude à faire de ces morceaux a une portée littéraire et psychologique. Elle
fournit, à elle seule, les éléments de toute une pédagogie. Dans cette littérature
traditionnelle on surprend, mis à nu, les procédés de l'intelligence de l'enfant,

____

(1) Publié chez Sandoz Fischbacher.

on y mesure la force de son développement aussi bien que son mode d'action.

Cette Poétique de l'école primaire doit, pour les rendre plus palpables et plus intelligibles, accompagner d'exemples et d'analyses, chacun des principes de cet art, simple à la fois et profond. Là on assignera leur véritable importance à ces randonnées qui organisent la gymnastique de la voix, à ces rondes qui sont elles-mêmes la gymnastique du corps et qui réalisent l'antique et triple union de la poésie, de la danse et du chant, enfin à ces chansons, qui ne sont qu'un récit, et dont les transitions sont l'action des personnages et des chanteurs racontée par eux, ou bien des récits dramatisés, où le narrateur et chanteur incapable de rendre le lien des idées, se met en scène, lui et ses héros, et parle en son nom et au leur, parce qu'au lieu de retenir la lourde suite de l'histoire, il lui est plus facile de couper court à cette forme qui lui pèse, par les intuitions abruptes des demandes et réponses, qui continuent le développement de l'action tout en rompant la chaîne du simple récit, devenue elle-même trop pesante.

Dans les pièces où le sentiment personnel des chanteurs se retrace, on le verra lui-même se traduire sous la forme du récit et de l'action dramatisée, parce qu'une description saisissant les objets dans le moment présent et dans l'espace, est forcée de les embrasser d'un seul coup, et que l'enfant n'a pas encore cette portée de vue, tandis que le récit, suit ces objets et ces sentiments dans l'action, se meut avec elle dans le temps, et permet à la pensée et au souvenir encore faibles de l'enfant de se tenir au pas avec elle, de la voir marcher, et de se produire à son rythme.

Si enfin nous étudions la forme extérieure de cette poésie, nous y retrouverons le refrain, cette répétition qui creuse un sentiment ou qui inculque une idée, qui a, de plus, l'avantage de donner au chanteur le temps de se rappeler le seul vers nouveau, composant avec ce même refrain chaque strophe nouvelle ; l'assonance enfin, qui remplace la rime, et qui, dans les chansons de geste, se produisant quinze et vingt fois dans chaque laisse (c'est là une conjecture que j'ose soumettre aux hommes spéciaux), avait pour nos ancêtres et a peut-être encore pour le peuple et l'enfant, tout le mérite d'un refrain, c'est-à-dire de cette répétition du même son, laquelle condense, grandit, développe l'intensité, l'émotion d'un sentiment, et l'exalte jusqu'à produire l'effet puissant d'une gamme ascendante d'accords et de tons correspondants.

La versification ainsi étudiée, au point de vue du rythme et de l'assonance, se confirme encore par le choix des mots simples premiers, servant à noter très-exactement la grammaire des idées du premier âge et de l'homme du peuple.

De la sorte, par la forme et le fond, cette poésie populaire devient pour le maître, disons-le, pour le psychologue, un trésor inestimable, un document admirablement précieux pour étudier et surprendre sur le fait la pensée humaine à son premier âge, et retrouver, au milieu de notre civilisation raffinée, non plus seulement l'homme simple des champs, mais les formes mêmes de la pensée aux premiers âges du monde. Il n'est point de textes, point de monuments plus nets, plus précis que cette littérature populaire, pour servir à cet inventaire des idées et de la condition intellectuelle de l'homme et des Sociétés naissantes, et il n'y en a pas où se puisse commencer, avec plus de charme et de séduction, cette étude psychologique, qui doit cependant être la première et tenir le plus au cœur des philosophes et des pédagogues, celle de l'homme lui-même, de la pensée humaine à sa naissance, disons-le, de l'esprit humain dans les premières créations où il a gravé l'image encore tendre de ses traits enfantins.

Cette étude est nécessaire non-seulement au maître de l'enfance, mais encore et surtout au littérateur qui prétend parler au peuple, et les quelques principes qui en ressortent devraient être connus de tous. Ils n'ont jamais été, ils ne seront jamais suffisamment mis en lumière. De là tant de poésies, faites pour le jeune âge, qui sont absolument risibles par l'accumulation d'idées et de formes que l'on voit logées et étagées à une hauteur inaccessible à l'intelligence de l'enfant, et auxquelles il ne peut atteindre, même en se haussant sur les pieds.

Ce n'est pas un des faits les moins caractéristiques de notre déplorable aberration littéraire et pédagogique que cette disproportion qui se rencontre chez tous les auteurs scolaires de ces trente dernières années, dont les productions poétiques destinées aux enfants étalent au grand jour les mêmes méconnaissances. Ce caractère commun à toutes, se reproduit si invariablement le même, qu'on est forcé en fin de compte de faire le procès à toute notre éducation scolaire, pour expliquer cette déviation toujours identique, et accusant, après trente ans, les mêmes erreurs d'appréciation. J'ai dû signaler ces essais, et, bien que la lecture des citations que j'ai dû faire, ne soit pas des plus attrayantes, le caractère commun à ces pièces est si évidemment le résultat des mêmes influences éducatrices, que ce relevé de fausses notes pédagogiques et poétiques pourra servir, mieux que tout autre chapitre de notre histoire, à attester les effets déplorables de toutes les causes perturbatrices citées plus haut. Un retour vers la poésie populaire, mieux comprise et mieux appréciée, a valu, chaque fois, aux nations voisines un réveil nouveau de la poésie savante. Cette influence ne s'est pas fait sentir chez nous, parce que la poésie populaire n'est recueillie que d'hier, et qu'elle n'a pas été l'occasion d'études complètes.

Mais des hommes d'école devraient du moins, dès ce jour, savoir, ne fût-ce que par l'histoire littéraire des autres nations, dans quelle estime il faut tenir cette littérature traditionnelle, et de quelle importance elle est pour l'école elle-même. C'est pour cela que, de mon côté, j'ai toujours cru avoir le droit de trouver profondément vulgaires tant de jugements qui frappent ces simples chants du peuple, parce qu'on ne veut pas s'attacher à y voir et à y trouver ce qu'ils donnent, c'est-à-dire un document pour servir à l'analyse et à la constatation des forces de pensée, développées à tel âge, ou à tel degré, dans telle classe de la société.

Mais, sans m'étendre autrement dans la Préface des Enfantines sur cette étude, que je me promettais de développer, j'y expose, en les résumant, les effets que nous devons attendre de cette poésie pour l'école et la famille. Voici cette page, que j'ai signalée à MM. les membres de la Commission :

« La poésie populaire est l'esprit, est l'âme de la nation traduite dans la langue
« des simples. L'école, qui a mission d'instruire le peuple, refusera-t-elle de
« descendre jusqu'à lui, et de mettre à profit quelques-unes de ses inspirations ?
« Si les livres scolaires et ceux qui sont écrits pour le peuple s'enrichissaient
« de ce legs traditionnel dont le souvenir n'est pas éteint dans nos villes et nos
« campagnes, ne croit-on pas qu'ils seraient plus chers aux enfants et mieux
« acceptés des parents ? Quel accueil ne trouveraient-ils pas s'ils s'accompa-
« gnaient de ces dictons, proverbes, chansons et légendes qui avec eux, re-
« prendraient si volontiers le chemin de la chaumière et de l'atelier.

« Dans ce retour à leur lieu d'origine, ces poésies serviraient à d'autres
« encore qu'aux jeunes élèves de nos écoles. Elles charmeraient les parents,
« elles instruiraient les maîtres à qui elles apprendraient à intéresser les
« enfants, à leur parler le langage qu'ils comprennent. Les auteurs scolaires,
« aussi bien que les instituteurs qui s'adressent au premier âge, étudieraient
« de plus près les gracieuses imaginations dont le génie national s'est inspiré
« pour amuser les enfants. Ils y surprendraient le secret de cette langue admi-
« rable de brièveté simple et concrète. Quant aux écoliers, elles leur rappelle-
« raient, mieux que toutes autres, qu'ils sont tous enfants d'une même
« patrie.

« Fixer cette littérature si dispersée, n'est-ce pas réunir un trésor qui doit
« être commun à tous, qui est le bien propre du fils de bourgeois, comme du
« petit campagnard, au partage duquel le riche et le pauvre peuvent être appe-
« lés ? Ces charmants poèmes ou jeux d'esprit et de langage créent un lien de plus
« entre les enfants d'une même nation. Ils laissent à tous les plus gracieux sou-
« venirs et composent un des éléments les plus puissants du patriotisme qui,

« dépassant l'amour du sol natal, n'existe que par la communauté des senti-
« ments, des traditions, des souvenirs de tous et de chacun.

«Pour nous, à cette œuvre de vulgarisation s'attachait une autre espérance.
« N'avions-nous pas le droit de compter que ces poésies trouveraient un écho
« non-seulement dans nos provinces de l'intérieur, mais encore dans notre Alsace
« et sur nos frontières? Elles y porteraient le souvenir de la langue et des tra-
« ditions de la France et du peuple français. Cette espérance avait été le point
« de départ de notre travail bien avant 1870; nous n'y avons pas renoncé après
« les événements de l'année terrible, et nous ne voulons pas nous refuser à
« croire qu'elle ne puisse encore aujourd'hui se réaliser dans une certaine
« mesure. » (Pages X et XI de la préface des Enfantines.)

On verra plus loin comment MM. les membres de la Commission ont ré-
pondu à cette invitation, mais auparavant il faut que de la longue histoire de
ce livre, qui a été fait, composé et refait plusieurs fois pendant une série
d'années, et dont l'édition première a été détruite par un incendie au moment où
il allait enfin paraître, je détache un dernier épisode.

J'avais entretenu M. Gréard d'un livre de lecture pour enfants, avec gra-
vures exécutées depuis 1871, qui doit servir à fixer la grammaire des idées
du premier âge. A cette occasion, je fis mention de ces *Enfantines*. M. le Directeur désira les voir. Il m'eût été utile à moi-même d'avoir un avis bienveillant sur le livre. Je le lui envoyai. Au bout de quelque temps, ne recevant
plus de nouvelles de ces *Enfantines*, j'écrivis à M. le Directeur pour lui demander la faveur d'un entretien. La réponse écrite fut que M. le Directeur
avait fait examiner le livre et qu'il ne pouvait l'introduire dans les
écoles. Ce n'était pas pour lui demander l'introduction dans les écoles que
j'avais souhaité cet entretien.

Quelques jours après il me fut dit que M. Bréal, de l'Institut, entrepre-
nait de faire un Recueil de poésies populaires, ou un livre de lecture, avec
M. Defodon, le rédacteur du *Manuel général de l'Instruction primaire*, publié
par la maison Hachette. M. Bréal avait, en 1872, dans son volume sur
l'*Instruction publique*, recommandé le retour à cette poésie populaire et engagé les auteurs scolaires à y puiser. Cette fois, il voulait lui-même faire un
de ces livres; c'était son droit.

Malheureusement pour moi, ce livre de M. Bréal, devant être édité par la
maison Hachette, et se publier avec la collaboration de M. Defodon, le rédacteur du *Manuel*, je perdais de ce fait la seule issue qui me restait pour faire
connaître mon volume aux instituteurs. La maison Hachette, consacre chaque
année une somme assez ronde pour faire les frais du journal; elle le réserve

pour l'annonce de ses propres livres. Je me suis fait confirmer ce refus d'annoncer des volumes similaires parus ailleurs.

On me saura gré de passer sur divers détails, secondaires ici, qui prouvaient clairement que le choix de M. Defodon, comme collaborateur de M. Bréal, visait évidemment cette publicité du manuel ; je constate seulement que dès à partir de ce jour, cette publicité m'était fermée. Il m'était difficile de ne pas être frappé en quelque sorte du refus de M. Gréard, et de ces divers faits qui s'étaient succédé rapidement. Aujourd'hui que ce sont des inspecteurs qui ont décidé du sort du livre à l'Exposition, il m'est de même difficile, de ne pas craindre qu'ils n'aient jugé sommairement, et sur une opinion déjà faite, d'autant que l'un ou l'autre, sinon tous, sont en rapports constants avec MM. Gréard et Bréal ; mais, sans que je m'arrête sur ce point, il me semble que la justice devait leur faire une loi, sachant le livre frappé par l'arrêt de M. Gréard, quant à son entrée dans les écoles, de ne pas paraître vouloir l'accabler en lui défendant de plus, l'entrée à l'Exposition, et j'ai le droit de m'étonner que M. Gréard lui-même ait eu encore, après cela, le courage de renchérir sur sa décision relative aux *Enfantines*, en défendant à mes autres volumes, par son *veto*, leur inscription au catalogue du corps *Enseignant*. Je constate, à regret, qu'un haut fonctionnaire ne craint pas de la sorte, d'accumuler coup sur coup, des nterdictions générales et particulières, surtout dans une circonstance où il pouvait paraître s'intéresser au seul livre de son ami, M. Bréal. Voulait-il enlever à mes *Enfantines* jusqu'au mérite de la priorité, et ne laisser pénétrer dans les écoles primaires et dans l'Université que le titre du livre de M. Bréal ? Pensait-il que [ce simple professeur, pour n'être pas membre de l'Institut, n'oserait signaler ce concours de faits qui montrent réunis contre lui, dans une occasion qui ne se [présentera plus, et l'autorité du chef des Ecoles de la Ville, et l'influence moins désintéressée de la maison Hachette et de M. Bréal, et les Inspecteurs d'Académie, et jusqu'au rédacteur du seul journal pédagogique qui peut l'annoncer ? Quel est ce régime où un auteur scolaire, par le fait de quelques personnalités dirigeantes, ne trouve ni éditeur, ni publicité, ni droit commun de paraître à l'Exposition, ni inscription dans ce Catalogue qui est une date, et un Répertoire. M. Gréard jugeait-il que je reculerais, par crainte de m'aliéner, si ce n'est déjà fait, et lui M. Gréard, et M. Bréal, deux membres de l'Institut, et la maison Hachette, avec laquelle ne se brouille pas qui veut, et son rédacteur, M. Defodon, et MM. les Inspecteurs membres de la Commission, entre autres M. Buisson, qui tous, dépendent de ces messieurs quelque peu, et ont en réalité trop de rapports avec eux, pour être tout à fait indépendants, même dans une Commission d'Exposition !

Quoi qu'il en soit, je fis réimprimer enfin ce volume, qui avait été incendié au moment de paraître, et refusé par M. Gréard, avant d'être recomposé. Je le soumis à l'Exposition, et voici ce que j'ai dû entendre de la bouche de l'un des membres de la Commission qui m'avait appelé pour s'instruire, disait-il, sur le but et le caractère de mon livre. Je ne veux pas le nommer ici, par respect pour son âge.

Vous êtes Alsacien, me demanda-t-il *vous n'êtes pas Allemand!* Ces paroles furent répétées trois fois, avec affectation, et comme je me taisais devant une agression pareille, après une pause marquée non moins intentionnellement, mon interlocuteur daigna ajouter ces mots : *Je vous en félicite*, et d'un sourire de satisfaction, il se félicita lui-même d'avoir tant d'esprit. Je me levai aussitôt et me disposai à sortir, en répondant : Je ne comprends ni le sel ni la courtoisie de cette malice. On me retint avec force excuses, on me dit : Vous avez intérêt à entendre les objections qui se sont produites contre votre livre, je tiens à vous les soumettre pour être armé par vous de raisons valables qui me servent à le défendre.

Il fallait donc et protester et rester pour les entendre. N'auraient-ils pas dit que j'avais refusé de m'expliquer, et que c'était bien ma faute si la Commission n'avait pas été suffisamment éclairée. Il me fallut d'abord écouter un long exposé dans lequel M. X..., me développa les motifs pour lesquels nous ne pouvons avoir en France de poésie lyrique. Je le priai à la fin de vouloir toucher un mot des objections qui s'étaient produites, et voici ce que je dus entendre :

« *Vous êtes protestant, et votre éditeur est protestant!!!* »

J'avoue que je me sentis humilié d'avoir à répondre là-dessus.

Quel rapport y a-t-il entre le protestantisme et les Enfantines recueillies dans leur ensemble dans un livre qui n'offre pas un choix mais comme un inventaire de cette poésie traditionnelle?

Quelle confusion une pareille question ne signalait-elle pas dans les idées de mon juge. Il se voyait dans cette Commission de l'Exposition universelle comme s'il était assis autour du tapis vert au Ministère de l'instruction publique pour décider de l'introduction dans les classes d'un livre scolaire. Là, on le comprendrait à la rigueur, l'administration ayant à ménager telles susceptibilités de la majorité des Français, pouvait s'inquiéter de savoir si un livre n'a pas de tendance confessionnelle.

Mais à l'Exposition universelle défendrait-on à des protestants de produire des livres? Et si le volume était spécifiquement protestant, interdirait-on à un protestant de montrer comment il comprend un recueil de poésie, et lui défendrait-on l'entrée qui est de droit commun. Un livre fait par un protestant, n'aurait-il pas le droit de figurer à côté d'un autre sorti de l'officine de MM. Mame de Tours, et orné de toutes les sanctions épiscopales.

De pareilles objections peuvent-elles être produites par des membres de l'Université! par des inspecteurs et des membres de l'enseignement? Si l'on se défie des protestants, comment fera-t-on pour s'en cacher devant les Anglais, Danois, Suédois, Suisses, Américains que l'on a invités à prendre part à cette Exposition avec leurs livres et appareils scolaires, tout comme avec les produits de leur industrie? Comment ne craint-on pas d'attacher un pareil ridicule aux travaux d'une Commission française de l'Exposition et à tous ces membres qui y figurent tels que MM. Jules Simon et Jules Ferry?

M. l'Inspecteur me laissa développer toutes ces raisons. Il avait besoin d'être convaincu. Pour moi, j'eus quelque peine à croire que son objection eût été produite sérieusement.

Et cependant les premières paroles de mon interlocuteur et la bienvenue qu'il m'avait souhaitée, n'avaient-elles pas quelque rapport avec cette objection? Un juge capable d'accueillir un exposant Alsacien de la façon que j'ai dite, n'était-il pas capable aussi de lui demander sérieusement de s'expliquer sur les tendances plus ou moins protestantes de son livre? Etaient-ce là les fameuses objections contre lesquelles il était nécessaire d'armer M. X... pour qu'il pût me défendre au sein du Comité?

Non, il m'en restait une autre à connaître ; la voici :

Vous êtes Alsacien, me dit M. X... — décidément il tenait à son idée — et il ajouta : « *Jusqu'ici les Alsaciens se sont produits avec succès dans le commerce et dans l'industrie, ainsi que dans les sciences, mais je vous avoue que nous sommes surpris de les voir s'aventurer dans le domaine des lettres !* » J'avoue à mon tour que je répondis avec quelque indignation à des déclarations si blessantes. Ce furent alors de nouvelles excuses, et je me demandai sérieusement si mon interlocuteur avait mesuré la portée de ses paroles.

Je voyais devant moi un vieillard qui protestait de son désir de m'être utile, mais qui trouvait juste de me faire payer par ses « prétendues objections » la bienveillance qu'il jugeait nécessaire de promettre à un exposant! Je me hâtai de lever la Séance. Cependant, après ses excuses, nous nous quittâmes presque en douceur. Je n'éprouvais plus, je l'avoue, qu'une sorte d'inquiétude et d'émotion pour le fonctionnaire qui risquait de pareilles paroles, sans craindre l'opinion publique. J'étais tout consterné, tout affligé pour mon interlocuteur à cheveux blancs, en pensant qu'il trahissait ainsi, sur la fin de sa carrière, avec une malice satisfaite d'elle-même, et inconsciente de son énormité, le secret de ses sentiments et de ses appréciations et sur l'Alsace et sur les Alsaciens, et sur les Protestants. Et je me disais :

Voilà pourtant les hommes auxquels pendant de si longues années étaient remises nos destinées ! Et je ne me suis plus senti le courage de me venger autrement de son animosité si naïvement étalée qu'en lui disant que je garderais toujours le souvenir de ses *dispositions gracieuses*. Mais depuis lors il paraît que lui et les autres membres du Comité, appartenant à l'Instruction ont trouvé déplacées mes protestations. Pas un de ceux qui l'avaient chargé de prendre des renseignements sur le but et l'intention du Livre, n'avait cru devoir se ranger aux raisons évidentes que j'avais exposées. C'était bien une enquête que ces messieurs l'avaient chargé de faire, et cela pour l'Exposition universelle ! J'aurais rougi de me réclamer de la raison patriotique, à laquelle ils devaient être sensibles, rien qu'en lisant le titre de ces « Enfantines du Bon Pays de France, recueillies par un Alsacien. » Ils s'érigeaient en comité de censure ; avaient-ils seulement lu la préface ? Et même ici il m'en coûterait d'avoir besoin d'insister sur les idées que j'y exposais. L'intention patriotique du livre saute aux yeux.

Mais alors, j'ai dû me rappeler ce que me disait ce haut fonctionnaire : Ce sont des objections qui ont été produites dans le sein du Comité ; je viens vous les soumettre, pour être armé par vous de raisons qui me mettent en état de vous défendre. Et j'ai dû me dire : Il est impossible que ce vieillard ait altéré la vérité. Il faut qu'en réalité elles aient été produites dans le sein de la Commission, devenue, par l'absence du plus grand nombre de ses membres, un comité de fonctionnaires de l'Enseignement ; qu'elles n'aient pas craint de se produire là à l'occasion de cette Exposition française, européenne, universelle. Ce n'est donc pas le secret de ses propres sentiments qu'il m'a trahi, c'est le leur qu'il m'a livré, et c'est eux que j'ai à signaler au jugement du public, c'est contre eux que j'ai à protester, car c'est d'eux que vient l'injure !

Et ce n'est pas la première fois que je suis obligé d'entendre de pareilles paroles et que j'ai dû protester. On le sait bien. Mais s'il est nécessaire que je rappelle aussi les autres animosités que je me suis attirées par des protestations non moins énergiques que celles qu'a dû entendre le haut fonctionnaire, membre de la Commission d'admission, eh bien ! à la garde de Dieu, je ferai face à ces autres adversaires, puisqu'à cette heure en France on ne peut toucher à rien, sans toucher à tout.

Pour ce qui est de la Commission d'admission de la section 6, un dernier fait prouvera comment ces Messieurs, réduits à n'être presque plus qu'un Comité de fonctionnaires de l'Enseignement, ont tenu compte des observations présentées à celui qui m'avait fait venir pour m'interroger ! J'ai appris de l'un des membres de la Commission, le seul que j'ai su être bienveillant, que dans le Comité on avait finalement raisonné de la sorte : Ces *Enfantines*, sans doute, l'auteur ne les destine pas à servir directement dans les écoles, comme livre scolaire ; mais s'ils se produisaient à l'Exposition, ils pourraient bien être pris par l'un ou l'autre des chefs d'écoles pour être donnés dans les distributions de prix. Touchante sollicitude ! Le livre ne devait pas entrer dans les écoles. Il ne devait pas davantage entrer dans les familles, par les distributions de prix. Et pour bien lui fermer l'entrée dans l'école et dans les familles, on décida qu'il ne devait pas même encore entrer dans l'Exposition ; qu'il ne devait pas être soumis au jugement des maîtres et du public !

Ainsi, on savait bien que le livre ne se destinait pas directement aux élèves, et qu'il proposait une question aux maîtres. Dès lors, que devient l'article : *Publications*, inséré dans le programme de cette section ? Sera-t-il défendu de s'adresser aux instituteurs et aux directeurs d'écoles, pour les intéresser à une question d'enseignement ?

Et cette préoccupation de la distribution des prix ne prouve-t-elle pas que ces messieurs se considéraient encore et toujours comme siégeant, non, au seuil de l'Exposition universelle, pour en classer les produits, mais dans quelque Comité du Ministère et dans la rue de Grenelle ?

Ce livre, que renferme-t-il donc, qui soit si coupable ? (1) Je n'ai inséré dans ce volume que les poésies dites et chantées par les mères et nourrices aux enfants de nos villes et campagnes, et les formulettes et rondes qu'ils chantent encore, que dans les écoles des sœurs on fait chanter aux petites élèves, et que, de ma fenêtre, j'entends chanter aux jeunes filles de l'école normale d'institutrices de la ville de Paris.

Aussi, ai-je de la peine à croire que ce soient ces quelques formulettes de nos provinces qui aient scandalisé la conscience timorée de ces messieurs. Pour expliquer cette persévérance du parti pris, on me demande si je n'ai rien dit ou imprimé contre la religion. Et voici alors la note que l'on me désigne, comme ayant pu susciter des susceptibilités et des rancunes qui se seraient cachées sous le verdict des juges. Mais, comment croire qu'à l'occasion de l'Exposition, une Commission française se soit prêtée à servir des rancunes cléricales ! Quoi qu'il en soit, voici cette note. Elle est au bas d'un des bran-

---

(1) Le volume : *Les Enfantines du bon pays de France*, a été présenté par moi à l'Exposition avec celui des : *Leçons et Lectures* pour enfants de 8 à 12 ans. Le dernier volume est seul admis. Tous les deux s'adressent ou aux mères et aux maîtres, ou aux enfants. Un troisième volume, destiné aux hommes, et devant former le premier d'une série de livres, est naturellement plus franc d'allures que ces petits volumes scolaires. Il n'a pas été présenté à l'Exposition, il n'a rien de scolaire. J'établis ce fait avec soin, pour éviter toute confusion.

dons que les enfants de nos villages chantent encore en Champagne contre les mulots, et où il est dit :

> Quittez, quittez ces blés !
> Allez, vous trouverez,
> Dans la cave du curé,
> Plus à boire qu'à manger.

Et voici maintenant la note (page 191) :

« Les vers malicieux à l'endroit du curé, qui se lisent dans ce morceau et dans celui de la page 192, datent de la même époque que la superstition de ces exorcismes. Ils sont l'écho des dispositions satiriques que le pauvre peuple nourrissait contre le clergé riche et puissant. Aujourd'hui c'est le paysan qui s'enrichit d'année en année: il est devenu propriétaire du sol qu'il cultive ; grâce aux chemins de fer qui pénètrent partout, il vend à la ville ses produits contre de beaux écus sonnants; en bien des endroits son aisance est celle d'un bourgeois.

« De curés, au contraire, combien en reste-t-il ? Il n'y en a plus que dans les chefs-lieux cantonaux. Le prêtre de campagne n'est plus que le pauvre desservant voué à une vie de sacrifice et de sujétion. »

C'est là, à ce qu'il paraît, la perfidie de l'esprit protestant. Voilà qui est dangereux. Rappeler aux pauvres desservants de nos campagnes qu'ils vivent dans la sujétion, et au public, que Monseigneur fait marcher à volonté son clergé comme un régiment : voilà qui est subversif.

Eh bien! s'il en est ainsi, je confesse que le livre est protestant, et que l'on y trouvera bien encore des dictons et des notes (dictons et notes en tout encore deux ou trois) où ce terrible esprit protestant trahit son intention de convertir la France, en se cachant malicieusement sous les Berceuses, Noëls, Chansons de Filerie, Randonnées, Devinettes et autres Amusettes du recueil. Ainsi comme les instituteurs, les desservants de nos villages, aussi bien que le public et les étrangers, seront protégés par la Commission d'admission contre l'esprit du mal qui se dissimule dans les Enfantines du Bon Pays de France. Les instituteurs y trouveraient de la poésie populaire, chantée et composée par le peuple français, mais qui, à ce qu'il paraît, est d'un mauvais goût alsacien; et les desservants y liraient un ou deux brandons accompagnés chacun d'une note, et puis un petit dicton de deux vers (Domfront, ville de male-heure), inspiré par l'esprit protestant (1).

Voilà ce qu'il fallait empêcher, et voilà pourquoi il ne sera par permis à ce livre de proposer aux maîtres à cette Exposition universelle cette question : L'école primaire en France peut-elle se passer de Poésie?

---

(1) Dans tous mes livres scolaires je me suis interdit absolument toute espèce de notes autres que celles purement grammaticales ou littéraires — et tous ceux qui les ont feuilletés savent bien qu'il ne s'y cache pas la moindre tendance confessionnelle. Il s'agit bien de cela dans un livre de classe ! Ici même, je suis franchement confus d'avoir à suivre sur ce terrain ceux qui m'y ont appelé, et j'éprouve le besoin d'en faire mes excuses au lecteur français.

L'école primaire en France ne peut-elle, jusqu'à un certain point, faire son profit de la poésie populaire?

Mais admirez le hasard des circonstances. J'avais l'un des premiers fait ma demande d'exposant en décembre 1876 et janvier 1877. Une décision sur mes livres ne fut prise que dans la dernière séance de la Commission de la section 6, et quelques jours après les journaux nous apprenaient que les décisions de cette Commission, pour des raisons spéciales, sont et restent sans appel. Si la décision était prise plus tôt, ces messieurs savaient bien qu'une simple observation faite par des membres comme MM. Jules Simon et Jules Ferry les eût forcés de revenir sur leur vote. Mais alors, les travaux de la Commission étant clos, je n'aurais eu de recours qu'auprès de l'Administration supérieure, et c'est ce recours que m'interdisait la clause toute particulière à la section 6, d'après laquelle ses décisions restent sans appel.

Ainsi m'était enlevée, sans doute par l'effet d'un nouveau hasard, la ressource de ce double appel.

Et puis, coup sur coup, j'appris que mes autres livres ne figureraient pas avec ceux du corps enseignant, dont je suis exclu par le fait que j'appartiens à une école municipale, et qu'ils n'auraient pas l'honneur d'être imprimés dans le grand catalogue officiel des publications scolaires, dressé par les soins du ministre.

Les bureaux du Ministère de l'Instruction publique se défendent expressément (je le sais) du ridicule ou de l'odieux de cette mesure. Ils la rejettent sur la Direction des écoles de la Ville de Paris.

C'est de là, me dit-on qu'est venue cette « Réserve ».

Le mot est académique.

Cela veut dire : C'est de là qu'est venu le « Veto ».

Que faut-il penser de cette Direction sous laquelle nous sommes placés, qui doit être notre patron, notre défenseur? C'est-elle qui se charge de demander, et qui obtient que nous ne figurions pas parmi le corps enseignant.

C'est-elle qui nous exclut du bénéfice commun, C'est-elle qui prétend à l'honneur de prononcer le « Veto ».

Cette « *Réserve* », si réserve il y a, se comprendrait si le Directeur des écoles de la Ville de Paris avait *réservé* aux livres de vos Professeurs, dans cette Exposition ouverte au monde entier, une petite place où ils pussent se produire.

Mais point.

Pour les dessins, cartes et devoirs des élèves, on a réservé des murs, des armoires, des bibliothèques.

Où est la place réservée pour les livres et ouvrages, que votre administration exclut, par sa réserve, de la bibliothèque du corps enseignant.

Monsieur le Directeur de Paris n'aura pas voulu nous interdire la place légitime à laquelle nous avons droit sans prendre le soin de nous en assurer, de nous en réserver une autre. C'est cette place que je cherche, et que je demande à votre sollicitude.

Non pas que je n'aie versé les 150 francs nécessaires pour les 50 centimètres courants de rayon que mes livres doivent occuper dans cette étroite bibliothèque où l'on a entassé ceux des Professeurs libres. J'ai tenu à payer mes droits d'entrée et les leurs.

Mais vous admettrez que cela ne suffit pas. J'appartiens à une administration. Elle me doit sa sollicitude. Elle n'a pas le droit d'ignorer ces travaux, dans le moment où tous ceux qui rentrent dans la direction municipale, sont mis en lumière.

Comment appeler cet état de choses? Sommes-nous l'objet des dédains de M. le Directeur des écoles de la ville, ou de son hostilité? De quel droit dédaigne-t-il la littérature populaire de France ou les langues vivantes? Serait-ce donc qu'il ne s'est abaissé à connaître ni l'Angleterre, ni l'Allemagne? Ces mépris ne se rencontrent que chez ceux qui n'ont vu de la France que Paris, et du monde européen que les étrangers passant sur nos boulevards. Malheureusement leur nombre est encore trop grand, surtout dans le monde officiel de l'instruction publique. Combien de chefs d'école y a-t-il qui soient allés soit seuls, comme étudiants, soit avec leurs élèves visiter seulement nos frontières? Chaptal a donné encore en cela un exemple qui mérite d'être rappelé. Son préfet des études, élève lui-même de Chaptal et de l'Ecole Polytechnique, a souvent, pendant les vacances, conduit au dehors des caravanes scolaires, auxquelles sont venus s'adjoindre des Professeurs étrangers, charmés de trouver dans nos élèves et leurs maîtres jeunes et vaillants, des compagnons de route aussi durs à la fatigue que désireux de s'instruire, et d'apprendre à juger les « choses de France » par le spectacle des choses du dehors.

L'un de mes livres, la *Géographie de l'Allemagne en allemand*, a eu l'honneur d'avoir son titre inscrit au Programme des lycées, à la classe de troisième, dans les termes mêmes dans lesquels je l'ai annoncé dès 1872-78. Ce volume, commencé par moi au lendemain de la guerre, au prix de sacrifices pécuniaires considérables, inspiré par une foi entière qui a été ainsi couronnée de succès, ne sera pas inscrit au catalogue de l'Exposition. L'Université a fait sienne l'idée, proposée, formulée, exécutée par moi, et la garde dans ses programmes; mais là où elle porterait mon nom, dans ce catalogue de l'Exposition,

M. le Directeur ne veut pas qu'elle figure. Serait-ce donc seulement parce qu'elle y paraîtrait avec mon nom?

Quel est le but que poursuit la Direction? Quel est le sentiment auquel elle obéit? Veut-elle décourager les hommes indépendants d'aspirer à trouver une tente-abri dans un système autre que celui des lycées, et de vivre sous une autorité différente de celle d'Inspecteurs généraux, comme celui à qui il était arrivé ce malheur d'être un jour candidat, juge et bénéficiaire d'un même concours? Veut-elle n'être investie de son autorité que pour écraser toute initiative qui serait prise dans un corps enseignant autre que celui des lycées?

L'autorité qui préside à nos écoles, n'existe-t-elle que pour inculquer à tous la crainte salutaire d'appartenir à la Ville?

« On n'est pas de la Ville » : La Direction des écoles de la Ville, non contente d'agir d'après ce principe, va-t-elle encore l'arborer en plein palais de l'Exposition universelle, et au beau milieu du pavillon de la ville de Paris? Et lirons-nous en tête de ses tableaux scolaires cette inscription : « On n'est pas de la Ville? »

Ces faits en eux-mêmes ne sont rien moins qu'un abus de pouvoir. En ce qui me concerne je les supporte légèrement, mais je ne dois pas les laisser passer sans protestations. Ces livres représentent un effort peu commun. Je ne puis les abandonner à la merci de ces Messieurs. S'il faut encourir des inimitiés pour établir les faits, je ne dois pas hésiter, mon passé m'en fait une loi. Je ne puis faire autrement que protester contre ces agissements, après avoir pris dès 1851, le parti de sauver ma liberté en restant en dehors des écoles soumises à l'obligation du serment, et après en avoir usé pour suivre une idée, patiemment, laborieusement, dans les diverses classes que j'ai faites à notre vieux Gymnase de Strasbourg, depuis la 7e jusque et y compris la rhétorique et la logique, dans des voyages pédagogiques entrepris et achevés pendant deux années consécutives, à mes frais et sans autre mission que celle que je m'étais donnée à moi-même ; dans la fondation d'un collège libre, moderne, (le Progymnase de Bischwiller) dont le rapport imprimé en 1862 a formulé un an avant M. Duruy, ce principe de l'enseignement en deux fois (cercles concentriques 1863), et 15 ans avant l'école Monge, le programme de l'école moderne, et cela paragraphe par paragraphe, alinéa par alinéa, si bien que, en lisant celui fait par M. Godart à la Société pour la propagation des méthodes en janvier 1875, j'ai le droit de me demander si je n'ai pas quelque mérite d'avoir seul, avec mes ressources précaires, par mes recherches et mes expériences longuement continuées sur le terrain de l'école secondaire, devancé et l'école Monge, et ce livre de M. Bréal, dont M. Godart dit que son programme réalise les idées. Enfin, dans ces dix dernières années, après ce passé exceptionnellement voué à cette question de la rénovation de nos classes inférieures et moyennes, j'avais vu qu'il s'agit avant tout de faire patiemment, lentement, l'outillage de cet enseignement nouveau, de déposer dans des livres le résultat de réflexions si longues, de donner corps, dans des exercices autrement entendus à des idées si lentement mûries, qui devaient enfin entrer dans la pratique. J'avais donc fait ces volumes, que j'ai le droit de considérer comme l'une des dernières expressions de tous les efforts pédagogiques tentés pendant 70 ans dans notre Alsace pour rompre le corset de fer du programme de l'Université, afin de l'adapter aux besoins d'une population qui devait apprendre le français comme une langue vivante et non pas par la méthode des langues mortes, et cela sans négliger l'allemand. Ces livres ont rencontré devant eux tout autant, et plus d'obstacles que ces Enfantines n'en rencontrent à l'Exposition. Je me suis tù, ne voulant ni rectifier des faits erronés, ni signaler des injustices, ni me répandre en réclamations, et préférant agir, faire, achever, enfin, les volumes qui tous ont été composés et remaniés trois et quatre fois.

Ce n'est pas tout, j'ai rencontré une autre difficulté que j'ai dû surmonter, et qui vous fera mesurer l'intensité, et de ma conviction et de mes efforts. On sait qu'en France, des livres scolaires ne trouvent d'éditeurs, qu'autant qu'ils sont appuyés par la position qu'occupe leur auteur dans la hiérarchie universitaire. J'ai dû, de guerre lasse, établir les miens, l'un après l'autre, à mes frais. Pour y faire face, j'ai dû trouver les ressources, autour de moi, à droite et à gauche. Chacun des livres à faire, outre qu'ils m'ont coûté des peines infinies parce qu'il fallait imaginer des dispositions neuves, et poursuivre dans le début des idées théoriques non encore rendues sous forme d'exercices scolaires, chaque livre, dis-je, me forçait de prendre sur moi des charges pécuniaires nouvelles, et m'imposait la tâche de trouver le capital nécessaire pour l'établir.

Mais si, dans des occasions diverses où j'aurais pu prendre la parole et dénoncer un déni de justice flagrant, j'ai mieux aimé patienter et attendre, c'est que je ne pouvais me satisfaire moi-même, ne croyant pas que ces volumes fussent assez importants pour me donner le droit d'occuper de moi l'attention publique. Je ne trouvais de satisfaction que dans la persévérance avec laquelle j'insistais sur les mêmes idées, préparant divers fascicules qui les rendraient avec plus d'évidence et d'une manière plus significative par le dessin et les nombres. Un incendie m'a détruit deux volumes, au moment où les feuilles étant déjà tirées, ils devaient paraître. D'autres déjà composés ont été remis en casse, parce que je les voulais meilleurs. Il m'était facile de rappeler quand l'école Monge s'est fondée à Paris et qu'elle a borné, comme on sait, les réformes de son programme à celles des classes inférieures et moyennes jusqu'en troisième, que le Pro-gymnase que j'avais créé à Bischwiller (Bas-Rhin) en 1861, avait précisément embrassé les mêmes classes, et formulé les mêmes idées et réalisé le même programme, et cela avec cette différence qu'à lire le rapport de M. Godart on voit clairement que ses vues justes n'ont pas la prétention d'être fondées sur une expérience personnelle, ni sur la pratique lente et patiente de toutes ces classes. Tandis que de mon côté, pour moi, c'est au milieu de la poussière des salles de classe que j'avais mis à l'essai et développé, non sans abnégation, par l'expérience et les faits, ce programme que je n'ai eu le courage de formuler qu'après avoir vu les écoles allemandes renchérir sur notre pédanterie latine, et soumettre leurs élèves à 11 années de latin. Mais au lieu de réclamer, et de tirer à moi le mérite de cette idée, j'ai mieux aimé borner mon ambition à l'exécution de ces volumes scolaires, parce que je me savais une compétence, acquise lentement, dans des positions diverses, et dans des classes acceptées et demandées par moi, dans le seul but de mettre à l'essai ces mêmes idées. Aujourd'hui, j'ai le droit de demander au Conseil municipal si ces sacrifices si longuement continués, ce travail persévérant, cette œuvre scolaire menée bientôt à bonne fin, ne sont pas de nature à faire honneur à l'Enseignement de la ville de Paris, au collège Chaptal auquel j'appartiens, et si, en retour, je ne puis espérer que l'Administration voudra prendre la défense de ses maîtres et professeurs à l'Exposition universelle, et chez elle dans ses écoles?

En consacrant à ces livres tout un capital, qui eût effrayé d'autres courages, j'avais confiance dans la justice et le droit commun qui, en France, ne peuvent pas plus être blessés et violés dans les questions scolaires que dans tout autre domaine. Je comptais que les conditions seraient égales pour tous, et que je trouverais tout au moins franc jeu. C'est en cela que je me suis trompé.

Non, avec la présente constitution de notre système scolaire, il est certain que pour l'homme indépendant, isolé, qui ose faire et entreprendre, il n'y a pas franc jeu.

Quand, pour l'impression d'un livre scolaire, on ne trouve dans un pays comme la France, d'éditeurs que dans la capitale ; que ceux-ci ne publient à leurs frais que les livres appuyés du nom, de la signature et de l'influence de hauts fonctionnaires de l'Enseignement ; alors, par la faute d'un état de choses, qui pouvait convenir à des gouvernements autoritaires, mais qui n'est pas normal dans un pays libre, alors, pour l'homme qui cherche, travaille et veut mettre au jour son idée, même reconnue bonne par tel éditeur, mais qu'il doit faire imprimer à ses frais, uniquement parce qu'il n'est pas inspecteur général ou membre de l'Institut, alors il n'y a pas franc jeu.

Quand, sur ce vaste domaine de l'instruction publique, et dans un grand pays comme le nôtre, il n'y a pas de journaux spéciaux de pédagogie pour annoncer et discuter les essais tentés, et que ces organes de publicité et de discussion libre, manquent et aux idées qui voudraient se produire, et aux livres qui ont dû s'établir si chèrement ; et qu'un état de choses qui convenait fort bien à l'Ordre moral et à l'Empire, dure et se continue sous la République, alors, pour tout ce qui n'est pas officiel, il n'y a plus franc jeu.

Quand, dans un pays, en l'absence de journaux spéciaux, libres et indépendants et devant le silence des journaux semi-officiels, tout se fait par influence, protection, faveur des bureaux, camaraderie infatuée d'elle-même, alors pour l'homme qui ne veut pas passer par cette filière, ou qui n'y a pas passé, il n'y a pas franc jeu.

Quand un Président, aux Commissions d'examen pour les professeurs de l'Université, ne craint pas, à l'occasion d'un concours public, d'être et d'apparaître successivement comme candidat, puis comme juge, puis, enfin, comme bénéficiaire de ce même concours ; que, dans des examens annuels de maîtres et professeurs, il préside une Commission de trois membres où il appelle à ses côtés deux israélites pour lui servir d'assesseurs à lui, troisième, et qu'il installe ainsi dans notre vieille Sorbonne, un jury dont on se demande si ce n'est pas un Sanhédrin ? Ce sont là des faits à porter au compte de l'ordre ou du désordre moral, et qui eux-mêmes signalent une date.

Mais quand le même homme, chargé de rédiger les programmes nouveaux de l'une des disciplines modernes de nos Lycées, rédige ces programmes exactement d'après la marche des livres scolaires, composés par lui, il y a plus de vingt ans ; et enchaîne ainsi, de par la loi, à sa routine et à ses intérêts, toute une branche de notre enseignement public, et cela, sans qu'il y ait eu la moindre discussion publique, la moindre étude théorique, proposée au grand jour à ce corps de professeurs et dans des journaux spéciaux, ou débattue contradictoirement sur un sujet de cette importance ; quand, ensuite, le même homme, nommé Inspecteur général, s'arme de la puissance publique pour faire exécuter ce programme qui fut le sien et qui est celui de ses livres, et ne craint pas d'être absolument intolérant pour tout essai nouveau, et de paraître trop préoccupé de défendre la cause de ses livres, alors qu'il se montre si passionné à faire exécuter, dans toute sa rigueur, un programme qui sanctionne ses propres errements ;

Quand des livres honnêtement et sérieusement composés, ayant réussi enfin à rompre les obstacles, ayant trouvé des maîtres assez courageux pour les introduire malgré tout, et de préférence à des méthodes surannées, rencontrent au sein des collèges le parti pris de cet Inspecteur général, de qui dépendent et les notes et le sort des professeurs, qui ne craint pas d'imposer à tous les proviseurs et professeurs des Lycées de France, la complicité d'une pression soit tacite, soit couverte du prétexte de l'observance rigide d'un programme doublement sujet à caution, parce que c'est le sien aujourd'hui, et parce qu'il a été le sien il y a vingt ans : — Alors, non — Alors il n'y a plus franc jeu.

Quand, par le seul effet d'une publication résolue et annoncée par un membre de l'Institut, et cela après qu'un auteur scolaire, nullement membre de l'Institut, a établi, imprimé et publié son livre, celui-ci se voit refuser non plus seulement le concours de l'éditeur influent, non, mais la publicité du seul journal pédagogique où le sien devait ou pouvait être annoncé aux maîtres, journal qui appartient à cet éditeur, et qui est au service de ce membre de l'Institut, — alors il n'y a plus franc jeu.

Mais quand, à une Exposition universelle, en l'an de grâce 1878, un membre d'une Commission d'admission dit à un exposant : Aidez-moi à défendre votre livre contre cette objection qui s'est produite : Vous êtes protestant, et votre éditeur est protestant, et qu'après cela ce livre est refusé, sous un prétexte quelconque — dirai-je alors qu'il n'y a plus franc jeu ? Non. Alors, non-seulement il n'y a plus franc jeu, mais encore il n'y a plus de droit commun.

Quand ce même haut fonctionnaire ajoute : 2º Autre objection : Vous êtes Alsacien. Jusqu'ici les Alsaciens ont réussi dans les sciences et dans l'industrie; nous sommes surpris de vous voir vous aventurer dans le domaine des lettres ; dirai-je seulement qu'il n'y a plus ni franc jeu, ni droit commun ? Non, cela ne suffirait pas. Car alors, à l'injustice s'ajoute l'offense ; alors, il est vrai, il n'y a plus ni franc jeu, ni droit commun, mais il y a de plus l'injure.

Mais quand un Comité de membres de l'Enseignement refuse de soumettre aux maîtres de l'École primaire et au jugement du public, dans cette Exposition universelle, un livre, simple inventaire de nos poésies populaires enfantines, trop ignorées, trop méconnues, derniers échos de voix innombrables, éteintes sur notre vieux sol de France, et de chants qui se sont perdus, qui se sont enfuis effarouchés, qui se sont tus devant la barbarie des pédants et des raffinés; chants du pauvre foyer domestique, chants de la chaumière et du berceau, chants de la famille réunie autour du sourire de l'enfant ; et quand, injuriant à son tour cette propre poésie populaire nationale, ils osent — les imprudents ! — lui jeter ce verdict : « Elle est grossière, elle est peu morale ! » alors, devant cet aveuglement sans nom, qui ajoute à toutes ces injures faites à l'Alsace, aux Protestants, à la cause de l'École municipale de Paris, l'injure contre le propre génie populaire de la nation; — alors l'Alsacien se console, si toutefois il en est besoin, de l'offense qui devait l'atteindre devant celle qui vise l'École municipale et les Enfantines *du Bon pays de France*, et il se dit : « Les temps sont mûrs ; le vieux système scolaire, a porté ses pas jusqu'au seuil de cette Exposition ; le voilà sous cette prodigieuse et éclatante lumière, qu'il y résiste donc si possible ! Mais, s'il est appelé à se transformer où à céder la place à une organisation plus riche, plus puissante, et fondée sur les forces vives du pays, qu'il n'essaye pas de nous effrayer de ses prédictions ; elles ne nous atteindront pas plus que ses injures. Les systèmes et les formes tombent et se renouvellent, le Génie national leur survit à tous.

IV.

CONCLUSION

Mais, en face de cet absolutisme, de ces conceptions étroites et mesquines, et de ces injures, que fera la municipalité de la Ville de Paris ? Ne voudrez-vous pas prendre en main notre cause et la vôtre?

Pour moi, je ne m'abandonnerai pas plus que par le passé. Puisque me voilà considéré comme appartenant à une école libre, j'use et j'userai de ce droit que la liberté a de tout temps conféré à ceux qui l'ont préférée aux faveurs officielles.

Après ce que je viens de raconter, il n'est pas un homme de sens et d'honneur qui ne s'étonnerait que je pusse garder le silence, il n'en est pas qui ne comprît la vivacité et la légitimité de ma protestation.

Je sens bien qu'il y manque la note gaie, quoique cet ensemble de faits soit aussi ridicule que possible. Mais si je ne suis nullement disposé à prendre au tragique tel triumvirat qui a pu vous apparaître ici, avec cette tolérance que ces hommes si intolérants ont pour leurs actes réciproques,, je sais cependant qu'il n'est pas temps de rire. Il me reste pour le moins encore quelques fatigues à essuyer.

De toute façon, j'ai à exposer dans une seconde lettre les efforts qui ont été faits en Alsace, depuis cinquante ans, pour cette cause de la langue nationale, de la poésie populaire, du collége moderne, efforts dont mes livres ne sont que l'expression dernière. Après ce qui a été dit, ce n'est pas pour moi que j'ai à relever le gant. Et de même qu'aujourd'hui, je n'ai pas voulu m'enfermer dans les limites étroites d'une discussion et d'un fait personnels, et que ces lettres n'ont pas consenti à se tenir abaissées à la petitesse de ces mesures qu'il me suffit de signaler à l'opinion, mais que j'ai cru devoir y répondre par la grande cause de l'Ecole municipale, de même je me propose dans ma seconde brochure de ne pas m'en tenir à la relation d'autres faits non moins tristes et d'agissements non moins contraires à l'équité et à la justice, pour vous parler en alsacien de l'Alsace de 1830, de 1848 et d'avant 1870, et vous rappeler ce qu'elle a fait alors, et ce qu'elle apporte encore aujourd'hui, la noble Absente, à cette Exposition où elle aurait brillé d'un si vif éclat.

Mais au lendemain du jour où m'a été signifié et le Refus, à l'Exposition universelle de 1878, des Enfantines du Bon Pays de France, et l'exclusion des livres de professeurs de la Ville de cette salle de la Bibliothèque du corps enseignant et de son catalogue, j'ai cru devoir agir et me gérer immédiatement, comme si votre décision était prise, comme si l'École municipale allait déjà s'élever bravement dans nos grandes villes, en face de celles de l'État, comme si la municipalité de Paris, et les municipalités de France, avaient déjà résolu de prendre en main sa cause et la nôtre.

J'ai donc cru devoir, en outre, 1° de la question d'organisation et, 2° de celle de la pratique de l'enseignement moderne posée par mes livres scolaires, vous apporter aussitôt des livres ou des rapports dans lesquels seraient discutées, 3° les questions théoriques qui sont de ma compétence et qui décideront de la direction à donner aux Écoles populaires et modernes.

La première est celle de la Poésie à introduire dans l'école primaire et de la part que l'on pourra faire à la Poésie populaire. Une *Poétique de l'École primaire* aurait à dégager de la poésie populaire et à établir d'après elle, les principes que nous devrions tous nous attacher à retrouver, et qui nous vaudraient cette autre poésie nationale, juvénile, patriotique, simple et accessible à tous, que possèdent nos voisins et que nous ont dérobée les tours de force du vers latin. Ceux qui, partout et toujours, en tout temps et en tout pays, ont étouffé et honni cette littérature populaire et nationale, ce sont les hommes d'école, les rhéteurs, les académiciens, les prétendus gens de goût, si entichés de leur mauvais goût. Ce sont les Vadius, les Trissotins, qui se gèrent aujourd'hui en marquis de la littérature et du professorat, et que notre grand Molière, il y a deux siècles, a fustigés par avance, et qu'il a livrés à jamais au ridicule, en opposant à ces Orontes scolaires le goût et le jugement sain et droit, incorruptible et incorrompu d'Alceste, et à leurs produits artificiels, la simple et populaire chanson du roi Henri.

L'autre question est celle des langues vivantes. J'ai achevé la théorie de l'enseignement de l'Allemand en France, dans les classes inférieures de nos lycées et collèges, c'est-à-dire dans son principe, là, où tout est à faire, et où il s'agit de poser les jalons pour ouvrir la voie.

Quelle que soit la valeur de ces livres ou rapports, ils auront toujours le mérite d'apporter à la liberté, l'initiative d'une discussion qui s'est fait trop attendre dans le grand silence universitaire. Ils résument l'effort d'un maître qui, pendant de longues années, a osé s'enfermer dans ces questions si humbles en apparence et si grandes, et sur lesquelles il n'a voulu se prononcer qu'après une pratique très-longue et des expériences faites certainement avec une suite et une persévérance et dans des conditions d'essais et de recherches tout exceptionnelles.

Un autre travail théorique dont je voudrais vous faire hommage, ancien celui-là, mais confirmé par des tentatives récentes et qui est d'un à propos utile à la cause de l'Ecole Municipale, est mon Rapport sur l'organisation d'une école moderne en Alsace, le Progymnase de Bischwiller, dont les idées se retrouvent exactement dans le programme de l'école Monge. Ce succès aura du moins le mérite de vous prouver que, si je ne me suis pas trompé alors, dès 1861-62, dans l'énoncé de principes qui font quelque figure à Paris, à Monge et à l'école Alsacienne, fondées en 1872-71, il y a lieu d'espérer que je ne m'écarte pas d'avantage du vrai et du possible dans la Poétique de l'Ecole primaire et dans le Traité sur l'Enseignement premier de l'Allemand.

Ce Rapport soumis par moi au Comité du Progymnase en 1862, je le mets en parallèle avec celui que M. Godart a présenté en janvier 1875 à la Société pour la Recherche des meilleures méthodes, et qui a été publié dans le Bulletin de l'Association. On sait que l'école Monge ne prétend apporter de modifications sérieuses au Programme des lycées, que dans les classes inférieures et et moyennes, et le Rapport de M. Godart ne va guère au-delà de la troisième. C'est la limite que nous nous étions tracée nous-même dans notre Progymnase, dont le nom déjà devait rappeler que nous ne voulions pas imiter les villes de second ordre qui prétendent posséder de faux lycées. L'École Monge n'a donc, malgré la publicité qui s'est faite pour elle et autour d'elle, ni plus ni moins étendu ses vues et visées de réforme que notre modeste école. Mais il suffira de parcourir le parallèle des deux rapports, pour voir qu'ils se ressemblent, se suivent, et pour ainsi dire se répètent paragraphe par paragraphe, alinéa par alinéa. C'est là un fait que je dois établir. Notre Alsace a été dépouillée de tout par la conquête. Nos écoles ont été occupées et nous sont prises par l'Administration prussienne, il ne faudrait pas que le mérite de l'initiative d'une idée scolaire, née et développée en Alsace, lui fût encore disputée, déniée, par des écoles parisiennes.

M. Godart dit dans son Rapport que son programme est inspiré par le livre de M. Bréal, sur l'Instruction publique. Mais M. Bréal, l'un des principaux fondateurs de l'Ecole Monge, et organisateur de l'Association pour la recherche des méthodes, n'a pas été sans connaître notre Progymnase de Bischwiller et son programme. Il a eu pour cela des raisons très-personnelles, son propre frère ayant habité dès lors, et habitant encore la ville de Bischwiller, et ayant compté dès lors aussi parmi les hommes jeunes, instruits, sérieux, que nous nous réjouissions de pouvoir, à la première occasion, prier d'être membres de notre Comité.

Ce parallèle des deux Ecoles imprimé à part, établira du moins nos droits de priorité. Vous ne voudrez pas refuser à l'Alsace de prendre la peine de parcourir ce parallèle, afin de vous former là-dessus un jugement pour lequel je m'adresse au public, et pour lequel du reste je m'adresserai par l'envoi de ce fascicule à MM. les membres de l'Association précitée. Pas plus que M. Bréal, ils ne méconnaîtront les titres de cette école d'Alsace, fondée dans une ville naissante, par des pères de famille, en face des collèges de l'Université, dont l'autorité n'était contestée nulle part alors, et cela, avec des ressources étroites et précaires, et qui s'éleva sur le plateau de Bischwiller, n'ayant d'autre fortune que le courage de ses fondateurs, leur dévouement et leur foi en leur idée.

Quand ce document sera soumis au public, pour qu'il en juge et décide en dernier ressort, j'ai l'espoir que vous me permettrez de remercier à ce propos la municipalité de Paris, parce qu'elle a elle-même quelques droits sur cette œuvre qui s'est pour ainsi dire complétée sous sa protection. C'est dans ce collège Chaptal ouvert par la Ville, c'est dans une de vos écoles secondaires, que l'École de Bischwiller dans la personne de celui qui l'a fondée et qui en a formulé la théorie, longuement poursuivie par lui, a trouvé un abri et le loisir nécessaire pour lui donner corps, à elle et à son idée, non plus dans des bâtiments scolaires ou dans la création d'un personnel ou dans les paragraphes et pages d'un programme, mais dans des livres et dans l'outillage de cet enseignement nouveau.

Ces livres, que j'ai dû faire à mes frais, sans appui, sans autre encouragement que celui que j'ai trouvé auprès de la direction de Chaptal et de quelques hommes dévoués, et sans autre résultat, jusqu'à ce jour, qu'une conviction renforcée par les obstacles qu'elle rencontre, par l'hostilité sourde ou déclarée qu'elle soulève, j'ai l'honneur de les adresser à Votre Président tels qu'ils sont ; Vous en voyez la liste imprimée ici-même.

Parmi eux j'espérais voir figurer des fascicules avec des dessins qui sont exécutés depuis de longues années, et que je pensais faire imprimer avant l'ouverture de l'Exposition. Le rejet des Enfantines me décidant à répondre de suite par la Poétique de l'École primaire, l'exclusion de mes livres me poussant à provoquer la discussion sur eux et ceux de MM. les Inspecteurs par le Traité sur l'enseignement de l'Allemand, j'ai été empêché de recueillir, à l'heure opportune, le résultat d'un travail patiemment poursuivi à l'effet d'établir non plus la Grammaire des grammairiens, mais la Grammaire des idées du premier âge. C'est un autre sacrifice fait à la nécessité de relever, sous peine de défaillance, un déni de justice. Il s'ajoutera à ceux que je fais d'avance par cette opposition même qui ne peut que m'attirer des inimitiés nouvelles dont il faudra subir les atteintes.

Ces livres achèveront de composer la triple offrande que je voudrais apporter, au nom de la liberté, au Comité de l'École municipale et qui embrasse dans un domaine inexploré de la pédagogie : 1° la théorie ; 2° l'organisation ; 3° l'outillage et la pratique de cet enseignement nouveau.

Puissent-ils faire honneur à l'idée que je défends, puissent-ils être approuvés par l'opinion ! puissent-ils vous paraître dignes de l'hommage que j'en fais à ce Comité scolaire qui, je l'espère bien, sera fondé par des Républicains éclairés.

Je conclus.

Le système unilatéral a produit des effets désastreux.

Administration, organisation scolaire, méthodes, livres, recrutement et classement du personnel, tout a été vicié, déformé chez nous par cette conception absolutiste et absolument impuissante à faire face aux nécessités du temps présent. Ce sont des facteurs nouveaux qu'il faut appeler à l'œuvre, concurremment avec les éléments déjà existants.

Ce régime dominateur gréco-latin, ce système unilatéral enfin, a fait son temps. On peut le comparer au régime censitaire. Comme lui, il a, pour porter le poids des affaires, la vue trop basse, les bras trop faibles, et le souffle trop court.

D'autre part des ressources immenses sont frappées de stérilité ou absorbées au seul profit du système scolaire unique, celui des lycées. Les sacrifices des villes, leur budget, leur bonne volonté, celle des hommes généreux qui lui apportent le concours d'un dévouement éclairé, toutes ces ressources et richesses morales et matérielles de notre belle France restent sans emploi et sans effet utile pour le progrès de l'école moderne.

L'idée républicaine demande à se traduire en œuvres.
Quelle plus belle œuvre à fonder que celle de l'Ecole municipale !

Une autorité plus grande assurée à l'initiative locale, urbaine, provinciale ; une part plus grande donnée aux villes dans la direction de leurs écoles ; un personnel autre, recruté, classé et promu sur d'autres titres et des qualités différentes de celles qui réussissent dans des concours d'élèves ; un programme différent, et un système scolaire nouveau, se plaçant à côté de celui des humanités gréco-latines, qui a mis des siècles à se constituer et dont l'existence, certes légitime en elle-même, ne se comprend plus comme une domination exclusive ; l'École moderne, fondée de la sorte et s'élevant avec cette ère nouvelle, marquant cette date, enfin républicaine, par le développement donné à ces forces premières de l'intelligence, si longtemps écrasées dans l'enfant sous la scolastique du moyen âge, et la France d'aujourd'hui, au sortir des jours de l'adversité, prétendant à ce prestige acquis à toutes les grandes époques, qui toujours ont associé aux évolutions politiques un affranchissement parallèle de l'esprit humain, et ramenant dans ses voies propres, dans nos écoles et dans l'éducation de l'enfance, cette puissance sans limites, non plus paralysée et atrophiée, mais rendue de plus en plus à l'élasticité incommensurable de sa nature propre et à la plénitude de son essor, c'est-à-dire l'Esprit humain lui-même.

L'École primaire, cette ilote des temps qui ne sont plus, défendue, réveillée, réchauffée de son engourdissement par la sollicitude de ces grands Comités protecteurs, et les maîtres osant enfin respirer en face d'une autorité qui commande la discipline du respect moral, mais non plus l'abaissement des caractères et les pratiques de la servitude. La langue française, enseignée à nos petits villageois et à l'enfant du peuple, avec tout le charme de sa grâce native, et venant à lui, clémente, douce, souriante, et non plus renfrognée, avec les airs cruels du sans-cœur pédantesque. Les leçons de choses développées, assainissant, assurant le jugement des générations futures. La poésie enfin, le chant, le chant de la jeunesse, le chant national et patriotique rendu à nos écoliers, et qui mêlera aux sons de la cloche, laquelle seule jusqu'ici avait la parole au village, l'écho de voix enfantines, heureuses de célébrer dans les salles de classes, comme au grand air et dans nos campagnes, leur vieille patrie et l'antique nom de la France.

Les langues vivantes, prenant dès ce jour, chez nous, le nom et la taille, la voix et le port des humanités modernes, et la France recevant par elles la sécurité profonde d'être enfin éclairée sur le travail et les progrès du monde ambiant, guidée dans ses voies et mise de pair avec ses destinées, orientée dans son action au dehors par des éclaireurs qui, au sud et au nord, lui signalent la marche et les visées des nations voisines et lointaines. La méthode nouvelle dégagée par la discussion. Un premier noyau d'organisation créé par une école pratique, internationale, pour de jeunes maîtres étrangers et pour les nôtres, les futurs directeurs de nos écoles industrielles et commerciales. Des livres autres que ceux composés par de hauts fonctionnaires qui occupent toutes les issues et envahissent tout le système scolaire avec leur routine ouvertement intéressée. Les questions théoriques débattues dans des journaux, indépendants de l'Administration aussi bien que des éditeurs, et qui oseront parler net et franc et signaler des abus. La méthode de l'école moderne appelant à l'action deux facteurs d'une portée immense, deux facultés premières : la perception et le jugement; tandis que la méthode scolastique du collège latin et sa grammaire n'évoquaient qu'une certaine faculté d'abstraction, aboutissant au raisonnement;

Tels sont les progrès dans l'organisation scolaire, sans parler de tant d'autres, que saura réaliser l'École municipale, et que doit revendiquer pour elle-même la liberté républicaine qui ne peut laisser au vieux système l'honneur et le bénéfice de réformes, au prix desquelles il voudrait faire absoudre et peut-être encore faire subir à d'autres la grande majorité de ses abus et de ses erreurs.

Ce n'est pas à ces questions de principes et d'organisation que s'arrêteront les progrès et le succès de l'École municipale, de ces Comités scolaires qui s'uniraient et correspondraient entre eux pour en assurer le bienfait. Il reste à préciser la théorie de cet enseignement moderne, des langues vivantes, de la poétique scolaire, des leçons des choses, et de tant d'autres chapitres de notre instruction, qui peu à peu sortiront de l'ombre.

Après cela, il y a lieu de faire l'outillage de l'enseignement et de fixer la pratique scolaire, qui ne peut que lentement et sûrement assurer ses voies.

L'acte capital qui aiderait à ce triple ordre d'idées, serait l'étude et les propositions, faites par des hommes compétents, des voies et moyens pour assurer aux villes des droits plus étendus.

Dans l'organisation elle-même, le point essentiel serait toujours la nomination d'inspecteurs généraux particuliers à ces écoles, qui pussent les défendre et les protéger, s'inspirer de leur esprit et leur assurer, dès le début, une direction bienveillante, paternelle, pleine de sollicitude. Mais de toute manière ces inspections devraient avoir leur propre contrôle dans un autre ordre d'inspecteurs que je voudrais appeler les Patrons du personnel. Ce seraient des hommes instruits, bienveillants, des laïques de l'enseignement, nommés par les villes, qui, sans prétendre s'immiscer dans le détail scolaire, auraient pour mission d'écouter partout les plaintes et vœux des maîtres, de façon que ceux-ci fussent assurés de garanties autres que celles que peut offrir le système actuel avec ses inspecteurs ridiculement intolérants.

Messieurs,

En vous adressant ces pages, je compte certainement sur la sympathie maintes fois déclarée, plus souvent attestée, que le Conseil municipal porte à cette instruction primaire et secondaire, fondement de l'éducation civile. Les élus de la Ville de Paris voudront encore une fois montrer qu'ils sont là pour défendre le progrès contre la routine, l'esprit moderne contre les abus du passé.

Si j'ai osé vous convier vous-mêmes, non-seulement à prendre en main la cause de vos maîtres et la mienne, mais encore celle de l'École municipale, et vous prier d'user d'une initiative qui étendrait le rôle et l'action des municipalités dans les questions scolaires, c'est que, atteint dans cette circonstance, dans mon patriotisme de Français et d'Alsacien, j'ai dû me réfugier en quelque sorte dans les souvenirs que notre vieux Strasbourg a laissés au cœur de ses fils, le souvenir de l'antique ville libre. Il n'est pas éteint dans ceux, chez lesquels cet esprit républicain et patriote est un legs de famille deux et trois fois séculaire, avivé sans cesse et renouvelé aux traditions urbaines de nos francs-bourgeois. Comment ne regretterions-nous pas que les villes de France n'aient pas retenu quelques droits essentiels, quelque reste d'indépendance et de *self government !* C'est à ce titre que je dois vous prier de m'excuser si je m'enhardis à confondre ainsi ma cause et ma personne avec la grande cause des écoles de la Ville de Paris et des municipalités de France.

Paris, 1er mai 1878.

Paris-Imp. PAUL DUPONT, 41 rue Jean-Jacques-Rousseau. 1473 1 78

PUBLICATIONS DE M. Ph. KUHFF

THÉORIE, ORGANISATION

UN COLLÈGE LIBRE MODERNE; LE PROGYMNASE DE BISCHWILLER (BAS-RHIN). Rapport sur l'organisation de l'École. 1re année scolaire 1861-62.

L'ÉCOLE MUNICIPALE. Lettres ouvertes adressées à MM. les Membres du Conseil municipal de Paris

    1° Le collège moderne ou l'École réa'e.

    2° L'École primaire.

    3° Les Enfantines du *bon Pays de France* et les professeurs des Écoles municipales à l'Exposition universelle.

L'ÉCOLE MONGE 1875 ET LE COLLÈGE LIBRE MODERNE DE BISCHWILLER (BAS-RHIN) 1861. Parallèle entre deux rapports de MM. Godart et Kuhff.

    Pour paraître prochainement :

        Les Humanités modernes; l'Enseignement des langues vivantes en France. L'Allemand.

        Poètes et Maîtres d'École. La Poétique de l'École primaire.

LANGUE FRANÇAISE

LES ENFANTINES DU *«BON PAYS DE FRANCE»* (le livre des Mères). 1 volume. Fischbacher et Sandoz, éditeurs.

LEÇONS ET LECTURES EN VERS pour enfants de 8 à 12 ans (le Livre des Enfants). 1 volume.

RIMES ET DICTONS pour Petits et Grands (le Livre des Hommes). Première partie : *Petits et Grands.*

    Pour paraître prochainement :

    Premier livre de lecture : 200 dessins.

LANGUE ALLEMANDE

LA GÉOGRAPHIE DE L'ALLEMAGNE EN ALLEMAND. Textes tirés des auteurs allemands, avec 14 cartes et des exercices. A l'usage de la classe de troisième. 1 vol. in-12, cartonné, 3 fr. Hachette, éditeur.

LES FORMES ET LES NOMBRES (Form und Zahl). Exercices d'allemand. 1 vol. in-12, avec de nombreuses figures intercalées dans le texte. Premier fascicule, 60 c. Hachette, éditeur.

    Pour paraître prochainement :

    Schule und Haus. Solfège de la langue allemande.

RYTHMES ET RIMES (Rhythmus und Reim). Le livre des leçons, à l'usage des classes de huitième et de septième. Textes allemands avec exercices et grammaire. 1re édition. 1 vol. in-12; cartonné, 2 fr. 50 c. Hachette, éditeur.

CONTES ET POÉSIE (première partie : Spruch und Sprache). Textes allemands avec exercices de grammaire et de conversation. Le verbe fort. Reproductions écrites et orales. Thèmes d'imitation. Thèmes de règles. A l'usage de la classe de sixième. Cartonné, 2 fr. 50 c. Delagrave, éditeur. — Le même, édition des textes seuls.

LANGUE ANGLAISE

RYTHMES ET RIMES. Textes anglais en vers, avec traduction, exercices et grammaire à l'usage des classes de huitième et de septième, par MM. Kuhff et Etessen. 1 vol. in-12, broché, 3 fr. Hachette, éditeur.